三十路女は分が悪い

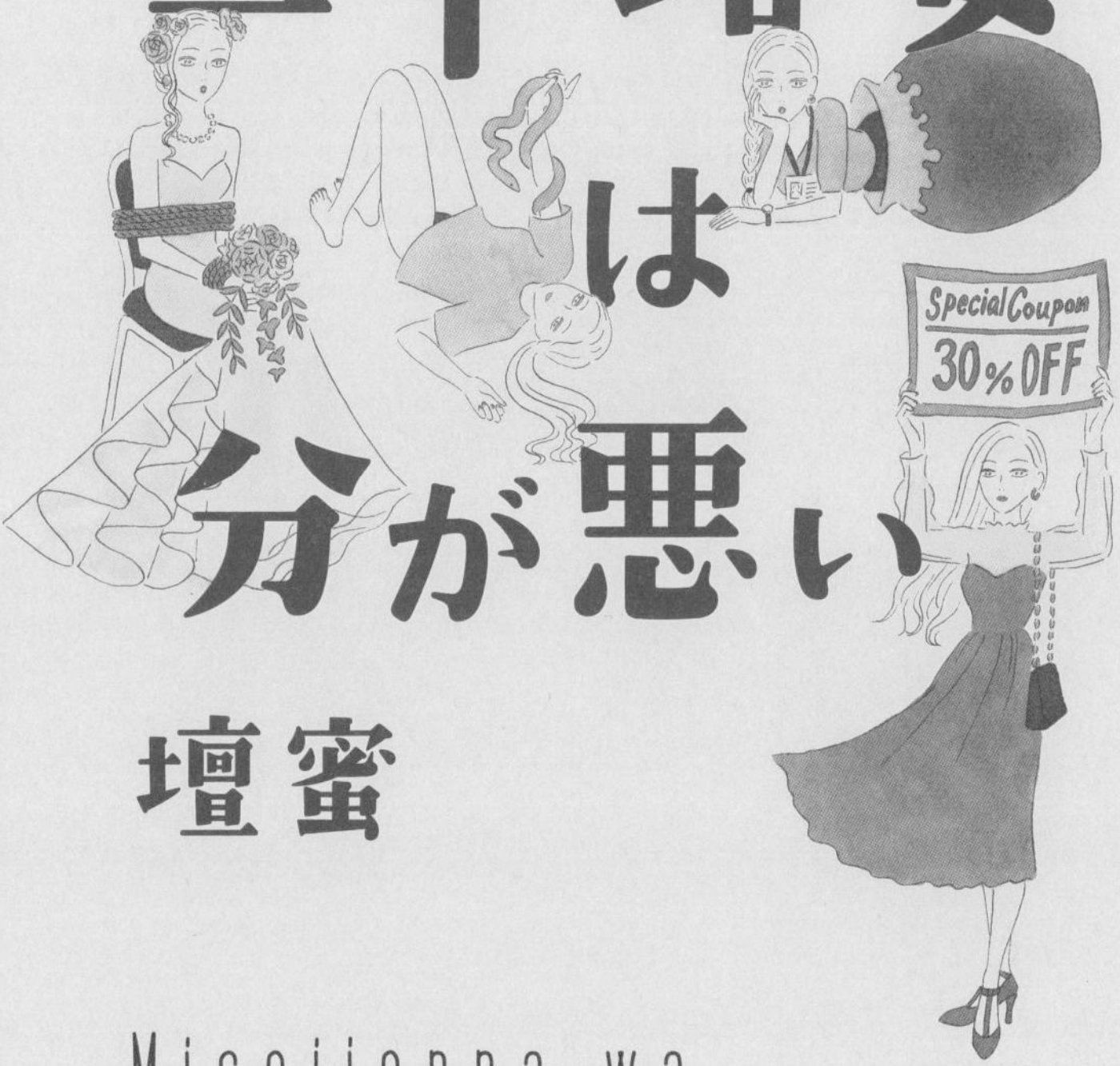

壇蜜

Misojionna wa
Bu ga Warui

Dan Mitsu

中央公論新社

はじめに

この度は、本書を手に取ってくださり、ありがとうございます。

外野から、出世がどうした、子孫繁栄がどうした、家内安全がどうした、とまるで願かけの時に聞くような言葉を投げかけられる機会が増える30代の女性。私も、ちょっとうるさいなぁと思って聞いていました。でも真っ向から向かい合って火の粉を振り払うと、余計に飛び火して火の手が強まりそうな気がする。だから「私がダメなんですよね」と自分のせいにして、火の粉を浴びるぐらいの気持ちでいます。

三十路女《みそじ》はなかなか分が悪いのです。

やることも、考えることも多く、年齢にも甘えられない。「女」を出しても出さなくても怒られるし、こちらが怒ると、「これだから女はヒステリーだ」と言われる。男性からも、女性からも怒られる理由がいっぱいある。こちらは何もしていないのに。その深層には、やがて勝てなくなる存在への恐れもあるんだと思います。経験を重ね、賢くなって、落ち着いてきれいになっていく人も多い。人間として生き物として、勝てなくなっていくから、恐れられて、いろいろと言われるのかも。

……そうとでも思わなきゃやってられない。

本書は、私が2017年4月から登板しているwebサイト「OTEKOMACHI」のお悩み相談をまとめたものです。相談者は主に30代の働く女性。私より少し、お若い方が多いでしょうか。

相談の種類別に、恋愛、結婚、仕事、将来の4つの章に分け、私なりの回答を添えています。最後には、この12月に40歳となった私自身の30代までを振り返ってみました。

今年は、芸能生活をはじめて10年。私生活では本連載をしていた3年間のうちに、漫画家の清野とおるさんと出会い、既婚者となりました。私の人生の迷いや悩みも回答の一助としてお読みいただければ幸いです。

聖なる女性として職務を任されたジャンヌ・ダルクがどういう訳か火炙りになったように、女性が活躍すると今でも反動が大きいと考えています。気を引き締めて参りましょう。

二〇二〇年一二月

壇　蜜

三十路女は分が悪い　目次

第2章 結婚

第3章 仕事

第4章
将来

編集協力　丸山あかね
イラスト　牛久保雅美
装幀　永井亜矢子
ヘアメイク　妻鹿亜耶子
スタイリスト　奥田ひろ子
写真　中央公論新社写真部

三十路女は分が悪い

第1章 恋愛

結婚ラッシュに乗れない私、職場の同性に恋しています

私は20代後半です。最近姉が結婚し、「次はあなただ」とひっきりなしに言われ、周りも第2の結婚ラッシュ、出産ラッシュがやってきています。

私はというと、今まで男の人と付き合ったことはありますが、本当に好きだったり、感じたりしたことはありません。高校の時あたりから同性に恋愛感情に似た気持ちを持っていて、それは友達だったり職場の年上の人だったり……。でもかなうはずもないので、いつもそれは違うともみ消してきて、周りの期待通りに生きてきました。

でも、やっぱり頭の中に浮かぶのは女性で、女性に興奮している自分がいます。今すごく好きな人が職場にいて、その人はもうお母さんで小さな子どももいます。よく気にかけてくれますが、職場以上の関係はありません。気持ちを

もみ消していますが、このまま終わるなんて辛《つら》すぎる……と日々闘っています。きっと彼女は「ストレート」だし、辛いだけですよね。かといって他の女性と付き合うなどの決断は今後もできないと思います。周りの目を振り払ってまでそっちの道に生きる勇気は私にはありません。避けられるのが目に見えるので、こんな話、誰にも相談できなくて……。

（ハンドルネーム・ぽぽぽ）

相談ありがとうございます。20代後半の女性は結婚を意識する、周りからも意識される環境にありがちですよね。私もそうでした。ラッシュのようなものを見てしまうと、「……まだなの私だけ？」と無性に寂しさや焦りが湧くものです。これは多くの「ラッシュを見た独身」が感じることですから、まずは落ち着いて受け入れましょう。

ぽぽぽさんは職場の年上の女性に好意を寄せているのですね。よく気にかけてくれる以外、どんなところが好きなのか気になります。良い匂いがしたり、優しい言葉で励ましたりしてくれるけど、涙もろいところもあって……とか？　好きな人の好きなところを考えていると、少しは恋の苦しみも紛れませんか。

「男の人では何も感じないし、女性にドキドキするから女性がいいのかも……。でも職場の年上の方じゃないとイヤで……」と揺れる今のぽぽぽさんは、ご自分のことを知るための「ぽぽぽ情報」が少し足りないようにも感じます。今より少しでも楽になって、たとえ傷ついても立ち直る強さを蓄えるには、ぽぽぽリサーチをする必要があるのです。「考えられない」「できない」「避けられたくない」……。これらの感情から距離を置くには、ご自身の環境をほんのり変えることをおすすめします。

習い事、トレーニング、アルバイト……。新しいスニーカーをはいてたくさん歩いたり、掃除用の雑巾縫いをしたりすることだって「ほんのり」です。体や指先を動かして、打ち込む集中力を養いましょう。その気じゃなくても、無理にでも。

今以上に自分を知り、鍛えること、辛いです。でもその辛さの先には「現状打破」の糸口があるはずなのです。何もできないと思い詰める辛さより、無理して動いた筋肉痛の辛さの方が前向きです。糸口は、引っ張れますよ。さあ、ぐいっといきましょう。

今を受け入れて、出口の糸口、探してみませんか

彼に「もうトキメキがない」と言われました

彼氏から「かこは僕にとっては大事な人だよ。でも、もうトキメキがない」「人生のメンターにはちょうどいいけど彼女とは思えない」と言われて、このまま付き合いを続けるか悩んでます。彼氏は44歳、私は37歳、付き合いはじめて1年が経ちました。

私は結婚願望があるのですが、彼氏は「一人が楽だから結婚願望はない」。私のことは「大事な人」とハッキリ言ってはくれるのですが、「男女の関係というよりも、人生の中で大事な人」。そう言われたことにショックを受けています。

いっそのこと嫌われたら、思い切って別れる事もできるのですが……。このまま付き合い続けてもいいのでしょうか。または彼氏にトキメいてもらうためには、どうすればよいのでしょうか。悩みすぎて胃が痛くてたまりません。
（ハンドルネーム・かこ）

まずは、かこさん自身の体調の改善をしていきましょう。そのままでは判断力が衰えていくばかりです。彼には「具合がよくない」と言い、しばらく会うのを控えてもいいかもしれません（同棲《どうせい》されていないと仮定してすみません）。

「大事」。人によって解釈が違う言葉のひとつだと思います。例えば「大事な人形」。Aさんにとっては「箱にいれて飾っておくこと」だとします。でも、Bさんは「いつも一緒にいて遊び相手になってもらうこと」かもしれません。かこさんと彼の大事の感覚が、かこさんが悩むくらいにずれているのは問題でしょう。彼から受け取った「大事」という言葉がどんなに「好きな人だから」と頑張って解釈しても、自分のなかで消化不良を起こしているのですから。

割りきって一緒にいることもできるかもしれません。結婚したい気持ちを凌駕《りょうが》するほど彼が好きなのであればそれでいいかもしれませんが、かこさんにとって我慢しすぎな状況が続きそうで、どうしてもおすすめできないのです。

「私は弱いから、あなたの大事という気持ちに応えられるほど強くないの。結婚して一緒に暮らすことが、私の大事」と伝えてみてはどうでしょう。ちなみにトキメキというのは一度忘れましょう。一瞬の病みたいなものですから、ずっとは続かないのがほとんどなのです。長年一緒にいてまだトキメキがあるカップルもいるようですが、そんなレアケースを目指す前に大事の感覚が近い人を探す方が優先です。探せば見つかるはずです。

だって大人になってそんなにトキメいてばかりいたら、血管にも心臓にも悪いと思うのですが……。

トキメキは一瞬の病、体に毒。
それより「大事」の感覚が
合う人を探しましょう

男運がありません。普通の優しい男性に出会いたい

もうすぐ30歳の会社員です。とにかく、男運がありません。男らしくてグイグイ引っ張ってくれる頼もしい人だと思ったら、DV男でした。じゃあ、優しくておっとりした人にしようと思ったら、優柔不断な浮気男でした。中身で選ぼうと、趣味も食べ物の好みも同じで、すごく話の合う人と付き合ったら、妻子がいました。もう、どんな男を選んだらいいのかわかりません。

私に男性を見る目がないのは、よくわかりました。それでも、結婚して幸せな家庭を作りたいんです。イケメンがいいとか、高収入がいいとか、そんなふうに思ったことありません。私のパートナーになってくれる、普通の優しい男性でいいんです。30歳までに巡り合いたいです。どうしたらいいのでしょう。

（ハンドルネーム・悩めるマドド）

30歳にもならない若いみそらで、ずいぶんと難儀な思いをされてきたようですね。しかし、難儀だと思うなかにも「良き思い出」は存在していたはずです。傷ついたけど、恋をして強くなれたと思いますよ。

私もそうですが、ひどい男だった……と回想する時は必ずどこかに「そんなひどさに甘えて思考停止していた自分」が潜んでいるものです。表面的な強さや優しさ、共通の趣味などのクッションに甘えて寂しさを紛らわせ、現実が見えた時に「え、こんなはずじゃ」と頭を抱える……。恋愛の冒頭で楽チンな思いをするほど後々の現実に傷つくものです。

男運が悪い、という言葉は自分で言ってはいけません。相手にもまた「女運が悪かった」という思いを芽生えさせて悪感情のループを招くから。別れてしまえば再会しないケースもありますが、ここは嘘《うそ》でも「私が甘えていたのよ」とうつむいて見せれば、悩めるマドさん（以下マドさん）が「男運悪くて出会い待ち」ばかりの受け身の人ではないように見えるので賢明かもしれません。

難儀ではない、「普通の恋愛」などありません。個と個がぶつかり合い、認め合い、支え合う……それぞれの出会いが難儀で波乱を含んでいます。思いきって、年齢で目標を定めることを保留にし（焦るからいけない）、一人が一人じゃなくなるんだから面倒であたりまえと考え、マドさんの求める「安らぎ」を一旦放棄して、マドさん自身が「誰かの安らぎ」となるような恋愛をしてみてはいかがでしょうか。先手必勝という定説が揺らぐのも恋愛です。後手必勝の虎視眈々モードでマドさんなりの好い人を「構築」してみてはどうでしょう。

難儀な思いをした分だけ強くなる。恋は潜んでいる自分の新たな一面を開いてくれます

5年付き合っている彼のことが、好きかわからない

もうすぐ30歳になります。私には付き合って約5年の彼氏がいます。彼と一緒になりたくて、地元から離れて就職をし、同棲しています。ですが、最近結婚しようか別れようか迷っています。

なぜなら、彼は私の話を全く聞かず、自分の話しかしません。私の仕事が大変な時でも「仕事どう？」と尋ねることすらありません。最近は体の関係もなく、お互いに気をつかわなくなって、相手に対する思いやりとか優しさとかが、考えられなくなっています。

別れるとしても、一人で住む家を探したり、たくさんの家電を折半したり、めんどくさいし、結婚相手が見つかるかどうか不安で、決断できません。

彼の好きなところもあるけど、嫌いなところの方が最近はよく見えてしまっ

ています。結婚すべきか、別れるべきかアドバイスください！
（ハンドルネーム・さくら）

さくらさんの若さやこの状況をかんがみれば、大体の人がこの話を聞き、「いやいや、そんなんだったら、もう別れて次の人いっちゃいなって。もっといい人いるって」とアドバイスするかもしれません。私も「それはさくらさんが楽しくないね」とお別れ寄りのアドバイスをしそうになりました。

しかし、これではただ恋が終わるだけで、独り身になったさくらさんはきっと後悔したり、落ち込んだりしてしまうでしょう。お相手の彼が急にお別れをしぶって、やいのやいの……とごたごたするかもしれませんし。しかし、どんな状況でも男女の別れ際というのは、大体厄介で面倒でイヤな気持ちになるものです。そこはもう仕方ないのです。キレイな別れ際などを夢見ないようにした方が良いかもしれません。

まずは、もっといい人を探す、見つけるというのは、一旦置いておきましょう。もっといい人は「創作する」ものです。今の彼でも、未来の新たな彼でも、さくらさんにとっての「素敵《すてき》な、私だけの貴方《あなた》」は創作できるのです。

してもらいたい、という欲求の前にちょっと我慢して「この人は何をされたらうれしいかな」を考えてみて、彼の好む居心地の良さを創作してしまうのです。それから徐々に「一緒に」「～してほしくて」「助けて」等の言葉でさくらさんの意に沿ってくれる彼を創作……。

とりあえず半年～1年を創作のための修行時間として、ニヤニヤしめしめと過ごしてみませんか。強くなりますよ。

独り立ちの自信も出てきたりするかもしれないですしね。

次を見つける前に、素敵な彼を創作する「修業時間」を過ごしてみては

自分の浮気で失った元彼。罪悪感でいっぱいです

浮気で4年間も一緒にいた大事な人を裏切ってしまって、罪悪感でいっぱいです。大学で4年ほど付き合った彼氏と卒業間際に別れ、すぐに今の彼氏と付き合って3か月ほどたちました。元彼とは家族のような関係で居心地がよかったのですが、刺激を求めて新しい恋に心が揺れてしまいました。

今の彼は、愛情表現をたくさんしてくれます。でも、束縛が激しく、ぞっとするほど独占欲が強くて怖くなります。別れを切り出したことも何度もありますが、別れたくないという押しに負けてしまいます。

元彼と別れる時は、言い争うこともなく仲良くお別れしました。問い詰めたり感情的になったりせず、優しかったです。そんな彼の姿をみて、浮気したことを後悔しました。本当に馬鹿なことをしたと思いました。恋愛感情はもうな

かったけど、家族愛のようなものはずっとありました。それを壊した自分が許せなくて、とても後悔しています。

元彼からは今も時々連絡がきます。元気かとか、今日は何をしたとか、それくらいですが、心の支えになっています。今の彼氏ときちんと別れて、しばらく一人になって、自分がしたことを反省しようと思います。私はこれからどうしたらいいでしょうか。どうか、教えてください。

（ハンドルネーム・みと）

私も20代の頃、優しく穏やかな弟のような彼がいるにもかかわらず、年上のクールな男性が気になってしまったことがあります。一人の人の持つ奥深い魅力を探すことに気持ちを注げなかったがために、他の人の刺激に誘惑されてしまったのです。大なり小なり「ないものねだり」してしまうのは、未熟な人間として仕方ないことかもしれません。

しかし、裏切ったこと、傷つけたことが「仕方ない」で片付けられないのもまた事実です。

今みとさんにできることは、どちらの男性とも距離を置き、やがて離れていくことだと思います。束縛に慣れてしまうと相手の支配欲の虜《とりこ》になってしまい、自分を見失う危険があります。そして、居心地の良い彼のもとに戻っていったとしても、甘やかされた自分に嫌悪感が湧いてくる日がいつかは来るでしょう。

若いみとさんの心が男性からの脅威や、または男性への罪悪感で支配され、正常な判断ができなくなることは、とても悲しいことだと思います。連絡を取れば揺らぐでしょう。みとさんが一人になって生活をした時、寂しさやもどかしさを感じると思います。同じ思いを元彼もしていたのです。今の彼もするかもしれません。

反省して、同じ感情になることで、見えてくるものもあるかもしれません。

どちらの男性とも距離を置き、
元彼と同じ気持ちを
味わってみましょう

フリーランスの彼と結婚したい。両親を説得するには

付き合って1か月になる34歳の彼氏がいます。もういい年齢なので、お互い結婚する前提で付き合いを始めました。子どもを産む年齢を考えると、ダラダラ付き合うのはよくないとお互い納得し、半年後の入籍を決めました。ところが、両親にそれを伝えたところ、結婚を反対されました。

理由は、彼がフリーランスであることや、会社員の経験がないこと、高学歴でないこと（大学は出ている）、交際期間が短いことです。彼は本人の性格ゆえに組織に所属することが向いていないだけで、お金はちゃんと稼いでいます。

父は会ってくれましたが、母は会ってもくれません。両親を説得するにはどうしたらいいでしょうか。

（ハンドルネーム・Tomomin）

「フリーだから良くない」というご両親の反対は、「時代が違う」と言ってもこじれるばかり。しかし、ご両親の賛成する結婚だけが幸せになれる方法とも言えません。お付き合いが短いことに不安を覚えているのは、時間（それと、それにより得た安定や信頼）という手段で解決できるので、結婚を前提に付き合っている、彼の良いところをこれから知ってほしい、という段階を今からでも踏んでみるのも遅くはないかもしれません。

同時に「交際ひと月だけど結婚する」というTomominさんのいきなりの切り出しに、「オッケー」と気軽に言えないご両親の気持ちも察してほしいのです。好きな人がいて、付き合いたくて、お父さんとお母さんに紹介したいな……という過程がないままの結婚話に、動揺、寂しさ、置いてきぼり感を抱くほど、本来はあなたが大切なのです。

寂しさを反対という形で表現しているとしたら、お互いに少し譲歩できるような話し合いができると思いませんか？

ご両親もTomominさんも彼氏も、みんな幸せになりたい、なってほしいという気持ちは同じです。ただ、幸せの解釈や過程が少し違うので、摩擦が起きてしまうのです。平和を求めるのは誰もが同じなのに、世界が摩擦にあふれているのと同じことですね。

まずは、彼を知ってもらう。仕事を見てもらう。そして、いつかは会えるであろう孫の存在を、お二人が一緒にいるシーンを見せて、間接的にご両親に想像してもらうのがいいかもしれません。説得ではなく、ご両親に「彼を好きになれるように私を育ててくれてありがとう」という気持ちを忘れずに……。

「時間」という手段で解決してみては

人を好きになったことがありません。これから友人や恋人を作れますか？

人を好きになったことがない30代女性です。

私には友達も恋人もいません。自己肯定感の低さと人間不信のため、学生から社会人になっても、必要以上に人と親しくなろうとせず、友人を作ろうとしてきませんでした。

数年前に、「友達や恋人が欲しい」と社会人サークルに参加したり、思い切ってバーなどに行ったりして人と知り合おうと努力しました。特別親しい友人はまだできませんが、以前よりも初対面の人と話せるようになったし、職場でも明るく振る舞えるようになりました。

でも、恋人に関してはどうしてよいかわかりません。私は人を好きになったことがありません。学生時代にカッコいいと感じる人もいなかったし、テレビで大好きな男性俳優などもいません。マッチングアプリを試してみましたが、正直、よく知らない男性の顔を眺めてみても興味が持てません。
こんな私が人を好きになれるのでしょうか。恋人のいる人や、結婚して子どものいる周りの人を見るとうらやましく感じます。打ち込める趣味を見つければ、こうした苦悩からも解放されるのでは、といろいろなことに挑戦してみても、うらやましい気持ちはなくならず、上手《うま》くいきません。友人も作れないような人間だから、人を好きになる能力もないのではないかと、不安とコンプレックスで時々苦しくなってしまいます。

（ハンドルネーム・ぐるぐるなやみ）

私も友人と呼べる人は今いません。学生時代はいましたし、今でもそれなりに話すような知人はいます。おでかけや旅行に行けるような友人や恋人がいる人をうらやましく思った時もありました。しかし、「自分は一人の方が楽だ」という事実に気づいてそれを認めてしまうと、途端に楽になったものです。

無理に友人や恋人を作っても、ぐるぐるなやみさんの心が疲れてしまうだけなのは何となく予想ができてしまい、今がお辛い時期というのも理解できます。現在、一番考えて諦めたり、あがいてみたりする不安定な時期のようですね。でもその時期が長い目で見て大事になってきます。

今は「他人がうらやましいけど、同じようにできない自分を認めてあげる」までの過渡期です。その間に苦しむ以外で何ができるか……。せっかくですから、ご自分の過去と向き合ってはいかがでしょうか。家族の顔を見て、たわいもない話をして、お墓参りでご先祖様にあいさつをして。自分が愛情の繫《つな》がりで生まれてきた存在であることを感謝し、かみしめましょう。少しは自分を認められるようになるかもしれません。もしもご両親に結婚をせっつかれても、「迷いがあって、お父さんやお母さんの顔を見に来た。甘えてもいいかな」と言えば、前のめりな話にはならないと思うのです。十分に甘えて、墓前に手を合わせて、好きでいてもらえる世界に浸ったら、きっと「誰かを愛する世界」に興味が湧いてきて、無理に恋人や友人を作らなきゃという焦りからも距離がおけると思います。

ぐるぐるなやみさんがうらやましく思っている人も、さまざまな悩みや辛さを抱えているでしょう。隠すのが上手い人もいます。見えないだけです。人は皆、幸せと辛さとの間でぐるぐるしているのですから。

過去と向き合い、自分を認めてあげましょう

デートでクーポンを使う彼。結婚しても大丈夫？

20代後半の会社員です。年上の彼氏がデートでクーポンを使うのがケチくさくてイヤなんです。初めてのデートの時、彼が素敵なレストランに連れて行ってくれて、とってもうれしかったのだけど、数回のデートの後、「あの時は実は40％オフだったんだ」と彼が話し、〝スゴイだろ、俺〟感いっぱいで自慢していました。

もちろん私も使うので、クーポンを使うこと自体はＯＫなのですが、デートのお店選びがどうも「クーポンありき」になっているようです。毎回、デート代を割り勘にしようと彼に提案しているけれど「クーポンで安くなってるから大丈夫」などといつも言います。

あと、ちょっと不満なのは、私が「このお店に行きたい」（もちろんリーズナブルなお店ですが）と言うと、彼はまずクーポンがあるか探して、なかったら別のお店を薦めてきます。

彼とは結婚を前提としたお付き合いをしています。堅実なのはわかりましたが、度を越えて「神経質」「ケチ」なのかもと思うと、結婚生活はどうなるのでしょうか。ちょっと怖いです。

私はどうしたらいいのでしょうか？　アドバイスをお願いします。

（ペンネーム・クローバー）


恐らく彼は節約して何かをしたいわけではなく、クーポンで割引待遇をしてもらうことをゲーム感覚で楽しんでいるのかもしれません。お得感と達成感を刺激するクーポンは、使い手を夢中すぎる状態にしてしまいかねないな、と常々思います。

クーポンをお店側が出す理由は何でしょうか。まずはそこから考えてみましょう。

「消費者の生活を楽にするため」という考えもありますが、一番大きいのは「また来てほしい」です。また来てほしいから敷居を低く（割引）、また来てほしいからお試し感覚（無料サービス）で、また来てほしいから顔見せの意味を込めて（おまけを付ける）等々、次回もぜひうちを！の気持ちを込めてのクーポンだと私は考えます。

それをわかっていると、彼もクローバーさんもクーポンとの付き合い方が変わると思います。「お得でいい思いをしたから、またあのお店に行きましょうよ。お店がなくならないために」という余裕が生まれるでしょう。できればクーポンに託されたお店側の気持ちを汲む機会を設けてもらえたらなぁ……と考えます。

なのでこの文章を、「ねー、壇蜜こんなこと言ってる。偉そうに。でも読んじゃった」くらいのテンションで彼に読ませてみせてはいかがでしょう。布石として「私もクーポンは好き。でもちょっとクーポンに振り回されてるような気がして……。節約したお金で何かできるのか考えてないし、不安かも」などと言っても良いかもしれません。

彼は気前のいい一面もあります。割り勘をすすめるクローバーさんにおごってあげたいという気概がありますしね。できる範囲でクローバーさんを大事にしたいのです。このクーポンマニアな一面が気になる……よりも、彼が素敵だなというポイントはありますか？　素敵なところがあれば、もう少し彼のマニア具合が落ち着くかどうか、波があるのか様子を見る余裕はできませんか？　彼のクーポンにハマる時期が落ち着いたら、今度はクローバーさんが何かプレゼントやおもてなししてあげるのもいいかもしれません。

彼はあなたを大事にしてくれている
ということを忘れずに

13歳年上のバツイチ彼との今後について悩んでいます

20代、公務員の女性です。彼が私に好意を持ち、何度断ってもめげることなくデートの誘いをしてくれました。

何度か会ううちに、彼の人としての魅力にひかれて、今では本当に彼のことが大好きになりました。「この人となら、楽しい人生を過ごしていける」「こんな魅力のある人とこの先、出会えないかも……」と感じています。

ただ、彼はバツイチで、奥さん側に娘さんがいます。そんなこともあり、彼に再婚の意思がありません。そして、年の差もあることから、結婚適齢期の私に対して一緒にいさせることに申し訳なさを感じているようです。

周りの友人や同僚はどんどん結婚していく中、焦っています。このまま彼といてよいのか、彼を諦めるべきなのか、悩んでいます。

（ハンドルネーム・まい）

年上の積極的な彼氏、素敵だと思います。まいさんは、彼との将来を考えはじめているのですね。

しかし、彼には「まいさんの彼氏」という顔以外にも「離婚歴がある社会人」としての顔もあり、「娘さんを持つお父さん」の顔もあり、「娘さんのお母さんの元配偶者」としての顔もあります。

まいさんが知っている彼の顔は一部で、彼はそれ以外にも「生きていく上で必要な顔」をたくさん持っているわけです。元家族が、まいさんが好きな今の彼を作った要素の一部でもあることを忘れないでください。

まいさんの相談を読んで、そんな彼を「それでも一緒にいたい」と愛せる勇気がまだついていないのでは、と感じました。「適齢期だから結婚したい」「周囲が結婚して焦る」という考えはとても自然なことです。しかし、まいさんの気持ちと彼の都合との兼ね合いを考えると、その自然な願いを叶《かな》えることは、今は困難なようにも見えました。

「適齢期で焦る」という気持ちと「彼と今すぐ一緒になりたい」という気持ちは、残念ながら今すぐには解決できないでしょう。彼のことを考えるか、適齢期に落ち着きたい自分のことを優先させるか、思案する時です。自分のなかであと1年、2年などと猶予を作って、彼を囲む環境をもっと知りましょう。

お子さんとの関係、仕事の様子、離婚の大きな理由だって、まいさんには彼女として知っておいてもいいことだと思います。知った上で、将来の彼と向き合えるのか向き合えないのか……。自然と答えが出てくると思います。それが、まいさんにとっての「適齢期」なんです。

魅力的なバツのある男性はあなたを普通の日常から切り離させ、心地よさを与えてくれるかもしれません。しかし、日々は確実に流れています。この先流れる時間は、まいさん自身が舵《かじ》をきって進む時間でありますように。

自分の中で期間を決めて、彼のことをもっと知りましょう

既婚者に片思い。他に好きな人ができるとは思えません

30代女性です。5年以上、既婚者に片思いをしています。

この気持ちは相手にバレていて、私のことは「特別だけど、結婚しているから好きにはなれない」とはっきり言われました。

彼のことは本当に素敵な男性だと思っています。現在も友人として仲良くしているのですが、私の気持ちは冷めません。これではいけないと合コンに参加したことが何度もありますが、いいなと思える人に出会えませんでした。

このまま彼を好きでいても幸せになれない……とわかっていながら、縁を切るという選択ができません。

ですが、私も結婚したいし、年齢的に時間がないのは重々承知の上で子どもも欲しいと思っています。彼から離れなければ、新たな出会いもないのかもし

れません。でも一方で、今の関係を壊したくない気持ちもあるんです。
この先、他に好きな人ができるとも思えません。こんな私は、家庭を築くことを諦めるべきでしょうか？　ご回答をお願いします。
（ハンドルネーム・そらまめ）

5年以上の片思い。人を好きになることは美しいことですが、そらまめさんの状況からして、切ない時間の方が長かったのではないでしょうか。しかし、どうにもならない、でも、諦めきれない……。そんな恋愛は何故《なぜ》か甘美なもので、現実にある「無慈悲に過ぎ行く時」が止まってしまったような錯覚を覚えるものです。とある有名な女性漫画家さんも「不倫は優しく時を止めるから、進行に疲れた心に巣食ってしまう」と警告されていましたっけ。

以前、「既婚者ばかりを好きになる」という悩みを伺ったことがあります。感情の問題でもありますから解決はなかなか難しいです。しかし、これだけは言わせてください。その既婚者の余裕や優しさといった魅力を形成しているのは彼の配偶者でもある、と。パートナーに守られ、育てられた人だから、あなたにとって魅力的に見えるようになったのです。そう考えると、たちまち二人だけの世界を冷静に見直せるようになると思いませんか。

そらまめさんは「既婚者の彼」基準で次の恋の相手を見ている時期かもしれません。似たような方が見つかったとしても、比較したり面影を探しすぎたりして上手くいかないでしょう。

最善策は彼から物理的にも心理的にも離れるのが一番です。しかし、それができないとなると、心に暗示をかけるのも手かもしれません。「私は彼と縁を切らされるため、身内に結婚相談所の登録をされた」「許されない愛だから引き離されたけど、私は新しい人と家庭を築かなきゃいけなくて」「でも、知り合った彼はそんな私を好きになってくれる優しい人」「私はいけない娘だけど、幸せで恐《こわ》い……」、そんな大袈裟《おおげさ》な昼ドラマ的ヒロインの〝心のコスプレ〟でもいいと思います。

変わらない日常の中で今の愛を放棄することは難しすぎます。せめて心だけでも劇場の中で女優を演じてみませんか。そらまめさんの「こんな私」は、次の相手が聞いたら「僕が守る」の台詞《せりふ》をきっと素敵に引き出しますよ。

既婚者の魅力は、彼の配偶者の影響があることも忘れないで

恥ずかしい過去、今の彼にどこまで言う？

結婚したい彼がいます。結婚前にどこまで彼に過去を話した方が良いのか悩んでいます。

例えば、若い頃に少しおかしな付き合い方をしてしまい（恥ずかしい写真を撮って送り合った）、周りの人に見せられ、面白おかしく話題になってしまいました。地元の友人とはいまだに仲がよく、彼にバレてしまうこともあるかもしれません。

他にも悪ふざけのシーンを動画で撮ったり、高校の頃に仲が悪かった友人を仲間はずれにしてしまったりなど、昔の過ちを、正直に言うべきでしょうか？言うのも、言わないのも良い気がしません。

（ハンドルネーム・ノムラ）

とある漫画の中での話です。体に呪いをかけられて、いつかは恐ろしい怪物になってしまうという戦士たちが、その「いつか」に怯えて何もできなくなってしまいました。敵と戦うことも大事な人を守ることもできない、いっそ命を絶った方が……そこまで思い詰める彼らを救ったのは、同じように呪いをかけられた、彼らよりもずっと年下の戦士でした。「いつかは、今じゃないよ」と諭す幼い戦士の言葉とひたむきな姿に、戦士たちはまた立ち上がる……。

若気の至りは多くの人にあります。私にもあります。至りすぎて暴露されることを怯える時期もありましたが、それ以上に今を生きること、大切な人のために粛々と仕事をすることに価値があると思っているから、現在はそれほど怯えていません。

ノムラさんも今考えても仕方ない過去のことに囚われて、恋人と幸せになるチャンスを自ら無下にしないでほしいのです。ノムラさんが、言うのも言わないのも良い気がしないなら、それは過去にした「不適切なこと」を反省しているということです。

その反省を、粛々と生きる今後の人生の背景にしてはいかがでしょう。

すでにノムラさんは自分ではどうにもならぬことで苦しんでいます。語らず胸に刻む苦しさがあるなら、閉ざしておくことも悪いことではないでしょう。

もしも何かを暴露されても、取り繕ったり、言い訳したりせず、どうか冷静でいてください。彼の判断に委ねることは辛いかもしれませんが、今のノムラさんを好きになってくれた彼への感謝と「もう昔みたいなことはしない」という気持ちがあれば、暴露をはね返せるかもしれません。いつかの影に怯えず、共に生きましょう。

若気の至りは私にも……
暴露に怯えるよりひたむきに
「今の幸せ」を

第2章

結婚

ネガティブすぎる夫がストレス。「かわいそう」と言わないで

30代女性、夫にどう接すればいいか悩んでいます。

7歳年上の夫は、ネガティブで自分を責める傾向があります。交際中も「僕みたいな男と結婚する君は不幸だ」と言い、そのたびに「私はあなたと一緒が幸せ」と伝えていました。結婚して3年になりますが、まだそんなことを言います。

夫に理由を聞くと、仕事が忙しく世間一般の夫婦らしい事ができないからなのだそう。夫の帰宅は日付が変わってから。休日も少なく、結婚式も新婚旅行もしませんでしたが、私は納得して結婚しています。

私は残業でも21時には終わり、家事を無理に分担するより私がした方が効率いいので不満はありませんし、その事も伝えています。ですが、「仕事も家事

も全部するのは大変でかわいそう」……。ずっと「かわいそう」と言われることが本当は悲しいです。一緒にズブズブ落ち込まないよう、明るく「そんなことない」と伝えてきましたが、どうすれば、夫の気持ちが晴れますか？

（ハンドルネーム・チビ子）

「共働きなんだから家事は分担が当たり前」。そんな風潮のなかで「私がやった方が効率いいから」とかいがいしく動き回るチビ子さん……。もし配偶者がいなければ私がチビ子さんを嫁に迎えたいくらいですよ。旦那さん、幸せですね。

しかし、幸せな環境、ありがたい環境が彼には落ち着かないようです。彼は「どうしてここまでしてくれるんだろう」「僕は彼女に何をしてあげられるんだろう」の渦のなかで一人悩んでいないと正気を保っていられないのでしょう。

そう、チビ子さんに対する彼の態度は彼の心の安定のために必要な儀式なのです。「愛してる？」「うん、愛してる」と言い合うカップルの心持ちと何ら変わりないと考えてみてはいかがでしょう。

現実を確認するためにチビ子さんに「申し訳ない」と言い、チビ子さんの「そんなことない」があるお陰で受け入れ作業が完成しているのです。そうやって日々自己完結できる旦那さんは、実は頼りがいあるしっかりした人のようにも思います。

いっそチビ子さんも「申し訳ない」な彼の儀式に付き合うべく、心にコスプレをしてみてはいかがでしょうか。「かわいそう」「申し訳ない」と言われたら「そうなの、惚《ほ》れた弱味で離れられないの」「かわいそうでしょ。あなただけが頼りなのよ」。ヨヨヨ……としなを作ってもたれかかる。

二人の世界を築いたら、自己完結アップ間違いなしですよ。「俺、愛されてる！だから頑張る!!」に繋げるような名演技を、いざ。

幸せを確認する「儀式」、心のコスプレで完結を

離婚5秒前、気持ちにどうケリをつけますか？

30代女性、夫から離婚を切り出されています。

私も夫も専門職で、夫は希望した職場に転勤が決まり、昨年から別居婚中です。夫の赴任先は遠方で、年に数回しか会えません。

無料通話アプリで連絡はしていますが、夫の仕事が忙しくハードになるに従って、「家に帰っても誰もいないのが寂しい」「子どもが欲しい」と言うようになりました。

私は今の仕事が好きで、辞めて子どもを産む気はありません。でも、夫は夫婦で一緒に過ごせず、辛い時に支えてもらえないなら「結婚している意味がない」と言います。義母からも私が仕事を辞めるよう言われて、ショックでした。

別れるしかないと思う一方で、まだ夫を好きな気持ちもあります。離婚5秒前という感じで、モヤモヤしています。

（ハンドルネーム・悪猫）

独身の私が回答者であることをお許しいただけますか……？　結婚の制度を体験してはおりませんが（２０１７年12月当時）、悪猫さんと旦那さんの明日のために一緒に考えます。

旦那さん、離れて暮らすようになり、「結婚していればできること」を今まで以上に拡大させて、寂しさを希釈させようとしているのかも。寂しい、子どもが欲しい、子どもがいれば絆は深まる――故に寂しくない、という意識の流れがあったとしたら、環境が彼を独りよがりな人に変えてしまったように感じます。何故なら、そこの意識の流れに悪猫さんを受け入れる隙間がないような気がするので。

しかし、悪猫さんもご自分のお仕事があり、文面から「子どもをもうけたら仕事ができない」という環境にあるような雰囲気を感じます。互いにできること、してほしいことのバランスがとれないのは辛いでしょう。辞めずに産休だけで済むなら子どもも……と考えられているなら、まだ方法はありそうですが、今は「産んでほしい夫、産みたくない妻、孫が欲しい義母」……という構図で考えます。

子どもが欲しくない理由は、仕事のことだけでしょうか。もしもそれ以外に理由があったり、悪猫さんがまだ正直な言葉を伝えていないなら、今こそ、とことん話してお互いの心の内を見つめ合うことがモヤモヤするより先かと思います。お互いの関係が壊れそうなピンチの時には、向き合うことで二人だけの妙案が浮かぶものです。

旦那さんも希望した仕事につけている、悪猫さんも仕事が充実している。そんなカッコいいカップルが物理的距離で別れるだなんて……と、「働く夫婦」でいられることとの生き生きした気持ちを、もう一度彼に伝えてください。

まずは、できるだけゆっくり意思を確認し合いましょう。悔いのないように、「あなたが好き」と伝えて。

ピンチの時こそ妙案が！ゆっくり互いの明日を見つめて

夫の悪口ばかりの日記を見られてしまいました

夫に日記を見られてしまいました。まずいことがたくさん書いてあります。浪費家であることとか、嘘ばかりついていることとか、夫の悪口ばかり。ネガティブな心の叫びを見られてしまいました。どうしよう。離婚されてしまいますか？

（ハンドルネーム・nekoneko28）

nekoneko28さん（以下nekoさん）に見えている旦那さんの姿は、もしかするとnekoさんが投影したnekoさん自身の姿かもしれません。

浪費家で嘘つきで許せない……でも、それを許せないnekoさん自身もご自分を許せない……。もはやループ状態。しかし、nekoさんばかりでなく旦那さんも気持ちのどこかにモヤモヤとネガティブな感情を持っているとしたら……。悲しいけれど、何だか諦めがついて冷静になれませんか？

日記を見られて焦るのは、相手が自分を嫌っていない、受け入れてくれているという安心感があるからのような気がしてなりません。「相手は私を悪く思っていないけど、私がネガティブに思っている……」、そんな構図があるなかでの日記バレ事件は想像しただけでも気まずいでしょう。

これからどうするか。まずは日記について相手が触れてこない限りは触れず、普段の暮らしを心がけましょう。

nekoさんは夫が日記を勝手に読んだことも責めてはいけません。どちらも気まずい背景があるなら、お互いにそれをつつくことは悲劇しか生みません。日記は心の調整剤として有効ですが、「ネガティブ感情のみを膨らませた日記」は生活の記録までネガティブのみで構築されてしまうため、憂鬱《ゆううつ》な思い出しか残りませんよ。

私も日記を書きますが、その日に起きたことや思ったことをできるだけ客観的に、気持ちの温度低く……そう、観察日記のように記しています。その方が、書いているうちに心が整うので。

これからの日記には、旦那さんと共に時を過ごして楽しかった、うれしかったことも観察日記風に加筆してみましょう。後に読み返せば気持ちが楽になるかもしれません。

もし責め立てられてしまっても冷静に。愛情で結ばれたとはいえ、「他人同士が共に暮らすことのしんどさを誰にも吐き出せなかった」「誰かに愚痴るのは違うと思った……」と真摯《しんし》に頭を下げることも考えてみましょう。

悪口は自分の姿の投影かも……
うれしい記憶も加筆して

SNSでリア充アピールの夫にいらいらしてしまいます

夫がSNS大好きで、現在はフェイスブックに投稿しています。友達限定とかではなく、全世界に向けて発信しています。個人情報も家族情報もさらけ出しては、いいね！が欲しくて話を盛ります。

先日は、私のインフルエンザの熱の体温計を自分の具合が悪くて熱でうなされているとかアップして、フォロワーの同情と心配を受けて、ご満悦でした。SNSに私や家族の情報の投稿を止めるよう何十回も言ってきましたが、一向に止める気配もありません。最近では離婚したいとさえ思えてきました。

いい年をしたオヤジが、面白おかしく嘘を書き、それを信じたフォロワーが「面白い」とか「ためになる」とか持ち上げている投稿を見るたび、腹が立ちます。子どもたちは、無視しとけば良いだけ！と言って相手にしてくれません。

こんな夫にSNSへの投稿を控えるようにしてもらうには、なんと釘を刺せば良いでしょうか？

（ハンドルネーム・はるるん）

誰でも何時でも何にでも「ハマる」という状況はあり得ます。旦那さんは現在「SNSからリア充発信」にすっかりハマっていることは確認できました。残念ながらハマっている人にそれを止めたり控えるように言っても無駄になる傾向が強いようです。ましてや承認欲求を満たしてくれるSNS、今現在は良い面ばかり見えていい気分になっている「SNSハイ」な状態。悲しき宣告で申し訳ありませんが、ハイ最高潮の旦那さんに対して、はるるんさんができることはほぼないと言ってもいいでしょう。

ではどうするか。はるるんさん、「今は我慢」をしましょう。インフルエンザと偽り、日々の出来事を脚色し、周囲の評価を気にしながら暮らす日々……恐らく長くは続かないでしょう。「どハマり」には必ずといっていいほど終焉が訪れます。ましてや他人の評価前提のフェイクみたいな日常づくりなど、今に息切れしてくるはず。嘘はこの先長く向き合える趣味にはならないと思います。「ハマる」と「趣味になる」とは違うことなのですから。

心が豊かに、静かになり、そして重ねるごとに長生きしたいなと思える行為……それが趣味なのではないでしょうか。

はるるんさんは黙って先細りする「ハマり」の行く末を見守りましょう。「ハマっている人の行く末」を綴って発信するという手もありますが、それも趣味にはならなさそうですね。

ちなみに私は何でもかんでも発信するSNSが大好きだった元彼に向かって、「そこまで一生懸命なあなたは素敵ね」と言ったら、少し考えこんだようでした。一生懸命とか必死を示唆する表現って、「作っている」人にとっては恥ずかしい評価のようです。参考までに。

夫はいわば「SNSハイ」、
ハイにはいつか終わりがきます

大好きなのに私に無関心の夫。どうすれば関心を持ってもらえる？

10歳年上の夫は私に全く関心がないようで悲しいです。

今は仕事に復帰し、年相応のキレイさを維持できるように努力しているつもりです。それは、いつまでも夫にとってかわいい奥さんと思ってもらいたいからなんですが、年々私から離れていく感じがします。

話すことは時々ありますが、軽いスキンシップも一切ありません。ただ単に私に飽きて興味がないのか、他に誰かいるのか……（去年グレーな出来事がありました）。

仕事が忙しいピークの時は、そっとしてほしいみたいで、邪魔にならないように気をつけてサポートしているつもりです。10年以上も結婚生活が続くとこうなるものなんでしょうか。今は子どもと一緒にいることと仕事に生きがいを感じていますが、子どもたちは少しずつ親離れする年齢になっていくので、たくさん仕事して寂しさを紛らわすしかないのかな……と思っています。

無関心の夫に少しでも関心を持ってもらう方法ってあるのでしょうか。もう若くないってことがダメなんですかね。私は、きっと永遠に年上のおじさまがタイプなんですが、夫はいつまでも若い人がいいのかなぁ……。ご意見やアドバイスなどよろしくお願いいたします。

（ハンドルネーム・shin）

shinさんの寂しいお気持ちが伝わってくるお便りで、胸がキューッと締め付けられる思いがしました。家族で、パートナーで、運命共同体で……。年数が経つにつれて婚姻関係を結んだ男女の関係はどんどん性的な雰囲気から離れていく傾向にはあると思います。例外のご夫婦もあるでしょうが、例外をうらやんでもなかなか解決には至らないでしょう。それぞれの夫婦にそれぞれのスタイルがあるのですから。

とはいうものの、よそはよそ、うちはうち……なんて割りきれるほど人間は単純ではありません。旦那さんに変わってもらうのが難しいとすれば、やはりshinさんが心にコスプレをする方が道は開けそうです。とっかかりとしてのコスプレです。そう思えば、「なんで私ばっかり」という理不尽への不満も和らぎませんか？

「最近体調が悪い」から始まって、どうしたのかと聞かれた時、しれっと「キスしてくれたら治るやつかもしれないの」と返したり、「忙しい人がハグしてくれたら私も頑張れそうだなー」とさらりと言ってみたり。ムードを作るよりも日常的に……そう、まるでお皿洗いの手伝いを頼むように、かしこまらないで言ってみてはいかがでしょう。

あなたが大好きで困ったわ、というオーバーな妻に殿方は揺らぐような気がします。好きは雰囲気より、直接伝えた方が善き薬となるでしょう。

まずは心にコスプレを。
それから「好き」を直接伝えましょう

人前で私をけなす夫。普段は優しく家の中では言わないのに……

私の主人は、人前に出ると私のことをけなします。主人の先輩の家に夫婦で遊びにうかがった時や、学校行事の場などで、「こいつは、こんなややこしいやつなんですよ」「こないだ、こんな失敗をしたんですよ」と私の悪口を言います。私の実家や友人の前でも同じです。友人たちは、「気にしなくていいからね」「あんなこと、人前で言わなくてもいいのにね」と慰めてくれます。

普段は優しく、家の中では決してこんなことは言わないのですが、人前に出るとなぜかこうなってしまいます。ネタのつもりなのか、仲良しアピールの裏返しなのかと考えて、なんとか自分のモヤモヤを抑えてきましたが、もう疲れてしまいました。

あれこれ言われる悔しさと、友人に気を使わせてしまう悔しさで、涙が出ます。私の悪口を言わないようにと頼みたいのですが、上手く伝える方法はないでしょうか。どうぞよろしくお願いします。

（ハンドルネーム・みかん）

まずは、みかんさんがここまで耐えられたことを、何よりもねぎらいたいと思います。離婚やもめ事に発展させないよう食いとめている状態はお辛かったでしょう。「悔しい」と感じていらっしゃるのは、きっと離縁や別居などで離れたいという思いよりも「何とかしたい」という前向きな気持ちがあるからだと思います。私への相談ということで読ませていただきました。きっと、「そんな人とは別れなさいな」と言ってほしいわけではないと踏んでお話を進めて参ります。

ご主人の言動には原因があるのだと思いますが、恐らく本人も悪気なく言っているのでしょう。理由を聞いても、攻撃と勘違いして口を閉ざしてしまう可能性もあります。

次に大勢の前でけなされたら、「もう、おやめになって」「恥ずかしいので、お話ししないで」と伝え、寄り添うように側《そば》に座ってしばらく離れないのはどうでしょう。見張っているのは自分であるということを無言で伝えるのです。

その後、記念日やみかんさんの誕生日を狙って「何もいらないから、人前で私を悪く言わない優しいあなたに戻ってほしい」と伝えましょう。

「欲しいものは買えないものであり、変えてもらうものです」という事実をご主人に授けるのです。ご主人から理解を得られたなら、どうしてけなすのかをやんわり聞いてもいいかもしれません。

けなす理由を聞くなら、「優しいあなたに戻ってほしい」というこちらの要求を話した後に聞いた方が、相手に考える時間を与えられるような気がします。

上手に気持ちを伝えましょう

若い女性が好きで飲みに誘う夫。どうしたら信じられる？

20代の女性が好きな40代の主人について。主人とは職場結婚でした。当時、主人40歳、私は26歳でした。もともと、若い子が好きなことは社内での噂《うわさ》でも聞いていましたが、誰彼かまわずというわけではありませんでした。仕事に対して実直で、後輩たちにも優しく、面倒見の良い姿に私もひかれていました。

結婚して、子どもが生まれて、3年が経ちました。結婚した頃と変わらず、良い関係を保てていると感じていますが、こっそり若い子を飲みに誘ったり、連絡を取ったりしているようです。子どもをとても大切にし、家族との時間もとってくれますが、この部分は心配事として残っていくようです。

もしも彼が本気で恋愛に走ってしまったら、私たちから離れてしまったら、と、不安な気持ちを抱えたまま過ごし、信じたいのに信じきれない自分や、彼にやましいことがないか探してしまう自分が、とても恐ろしく、みじめです。どうしたら信じて、心穏やかに過ごせるのでしょうか。
（ハンドルネーム・けろっぴ）

若さにひかれる気持ちはどんな方にも多かれ少なかれあると思います。若かったあの頃の自分を若い方に投影する部分もあるのでしょう。けろっぴさんの旦那さんも若人と接し、自分まで若返った気持ちになれるのが楽しい、ときめく、ドキドキする……そんな感情で満たされることを求めてしまうのかもしれません。

しかし、「老い」は平等にやってくるもの。けろっぴさんも、旦那さんも、旦那さんが好きな「若い子」も年をとるのです。好みの対象年齢は変わらないのに、自分は老いていく……。その「開き」が生み出す考えや価値観の違いは、やがて「若い子は新鮮で刺激的だな～」という感情だけでは収まらなくなっていくかもしれません。

「ついていけない」「弱ることの方が多くなった」と気づく日も来るでしょう。そこに至れば旦那さんの心の流れも変わると思いますので、少し様子を見てみましょう。世代間のギャップは訪れない方が考えにくいですもの。

若い子と張り合うことは今はやめておきましょう。せっかく年を重ねて大人になったのですから、逆行は現実的ではないし、心も疲れます。「もうおばさんなの。ふふ。でも、一番大切な人にはかわいいって言ってほしいわね」と、自分は若くない、でも土俵が違うという姿勢でゆっくり旦那さんに微笑《ほほえ》んでみましょう。おばさん、口に出すとそんなに抵抗がなくなりますよ。おばさんという隠れ蓑《みの》を使って、一線ひいた余裕の姿勢はきっと今のヤキモキを変えてくれるでしょう。

大人の女は距離を保って。「あなたも（若い子が）好きねぇ。そんなにいいのか私も試してみようかしら」とヒヤリとさせる一言も忘れずに。

「老い」は平等にやってくるもの。様子を見ましょう

母親になれないなら、せめて女性として生きていきたい

結婚5年目の30代女性です。私は夫を男性として見られなくなりました。離婚をすべきなのかどうか迷っています。

結婚当初、夫も協力して妊活をしていました。けれど上手くいかず、現在はセックスレスです。今、思い返せば、妊活している時、私は夫の気持ちを理解しようとせず、自分の気持ちだけを主張していました。

その後、夫が転勤になり、お互いに新しい場所での仕事や人間関係の構築に必死でした。私も妊活より、自分の転勤先での生活を優先していました。子どもが欲しかったのですが、自分から夫に気持ちを伝えることが怖かったり、真剣に話そうとしてもちゃかされたりしたので、徐々に話すタイミングも気持ちもなくなってしまいました。

新しい土地での楽しさに癒やしを求め、夫婦間でのさまざまな問題に向き合うことから逃げていました。気がつけば、夫に求められることがあった時にも、彼の自分本位な欲求を受け入れたくないと思っています。

ただ、まだ30代後半の私としては、「このまま女性でもなく、母親にもならない人生だったらどうしよう」という不安があります。

夫が嫌いなわけではありません。情もあります。普段は仲の良い夫婦ですし、周囲にもそう思われています。でも正直、私は夫を男性としては求めていないのです。

母親になれないなら、せめて女性として生きていきたいと思います。はっきり夫に「好きではない」と伝えるべきでしょうか？　それとも、自由があり楽しいこともある現在の生活に満足するべきなのでしょうか？　アドバイスをお願いします。

（ハンドルネーム・喫茶珈）

結婚5年目。新婚さんでもない、いわゆる中堅夫婦とでも言いましょうか……。きっと二人でいる時間も増えて、周囲からの情報もやることも多く、たくさんの刺激を吸収する時期だと信じています。

しかし、妊活に転勤にと大変なことが続いて、気持ちが休まる暇もないほどの刺激だったようですね。そんな中、喫茶珈さんとパートナーさんがなんとかお体健やかにいられているようで……。私としては「よくぞご無事で」と言いたいところです。体調を大きく崩されなかったのは、まずはラッキーと思いましょう。

忙しさや自分の「こうしたい」という気持ちにかまけてしまい、パートナーさんの心に触れる機会を逃してしまったのでは……と思うところも、喫茶珈さんが実は「パートナーを好きではない」とは言い切れない部分なのでしょうね。この気持ちを封じて喫茶珈さんだけの「母親になれないなら、せめて女性として……」の思いを率先させ、「好きではないの。別れましょう」と伝えることの何ともったいないことか！

今こそ問題に向き合うチャンスなのだと考えます。

しかし、問題に向き合うからといって、侃々諤々《かんかんがくがく》激しい意見のぶつけ合いは喫茶珈さんとパートナーさんの性に合わないような気がします。ご時世がご時世なので今は難しいかもしれませんが、ふとした時に一緒に歩いたり、どこかに行ったりする最中などで、いい天気の中、手を繋いで「デート」をしながら、「これからどうしようか……」とポツリポツリ話してみてはどうでしょう。並んで前を向いて歩くことは二人のこれからのあるべき姿を探すヒントになるかもしれません。

女性でも母親でもない……。そんなことだけで喫茶珈さんは縛られませんよ。女性の前に、母親の前に、パートナーを選んだあなたにもどってみましょう。

並んで前を向いて歩くことは、今後のあるべき姿を探すヒントになります

子連れでライブやフェス、行っていいのか迷います

二人目の育休から復帰して働く30代です。独身の頃から好きなアーティストがいて、以前は夫と一緒によくライブやフェスに出かけていました。しばらく遠ざかっていましたが、上の子が3歳になったのを機に、下の子だけを義理の両親に預け、ライブに出かけました。

舞台がよく見えないほど後ろの席で、子どもが泣いたらすぐロビーに出ていたのですが、周囲の「夜遅くまで子どもを連れ歩いて」と言いたげな視線が気になって。義理の実家に気を使って出かけるのも大変で、なんだか悲しくなりました。

もうすぐ野外フェスの季節。子連れで出かけるか迷っています。

（ハンドルネーム・みどり）

ご相談ありがとうございます。お好きなアーティストと共にする時間は、喜びや高揚を感じるひと時でもありますよね。ライブやフェスの後は「楽しかった。また明日からも頑張ろう」という気持ちが起きるでしょう。自分の人生のどのタイミングでも、好きな物事と戯れる時間は確保したいものですね。

しかし、多くの人々は大人になるにつれてその「お戯れタイム」の確保が難しくなってきます。何故なら、他にやることが多くなってくるから。1年あっという間だわ、という気持ちが年々高まるのも、若い頃のような何かに手こずったり滞ることもなく時間が流れ、向き合っていかなくてはいけない物事が増えたからでしょう。みどりさんにとってはお子様の存在がお戯れタイム確保を難しくする要因というのをまずは認識しましょう。お子様はかわいい、でもアーティストのもとに行きたい気持ちもある……と悩むのは自然なことですしね。

そんな時は「お戯れタイム」の存在にもっと磨きをかけ、より広く周囲から認識される必要があります。何かと話題にしたりグッズを見せたりして「あ、みどりさん、〇〇が大好きなんだな」と思わせるほどに。

そして旦那さんが協力してくださるのであればデートとして時間を確保し、義理のご両親に「夫婦で〇〇してもいいですか」と相談してみましょう。その後の何かしらのお礼もセットで。

大人のお戯れタイムは準備時間と費用のかかる上質なものです。周りには申し訳ないがその時だけは全て忘れて熱くなりたい……そんな雰囲気を演出しましょう。

情熱による出費でベビーシッターを雇うもよし、情熱によるお願いで義理のご両親にお子様たちの預かりを頼むもよし。アーティストに会いに行くまでの一部始終が、みどりさんにとっての&みどりさんだけの「お戯れタイム」なのです。

その時だけは、「ただのみどり」として戯れましょう。

大人の「お戯れタイム」は、準備と費用と情熱で確保しましょう

せっかく結婚までこぎ着けたのに新居でもめてます

28歳会社員です。数年付き合っている彼と結婚することになりました。やっとここまでこぎ着けた、とうれしい気持ちでいっぱいなのですが、新居をどこにするかで、現在、彼ともめています。

私の職場は神奈川なのですが、彼のオフィスは千葉にあります。中間地点をとって東京に住むことを考えて、物件を探してみました。けれど、交通の便が良いところは家賃が高くて手が出ません。彼は以前から「転職したい」と言っていたので、この際だからと思い、転職をすすめてみましたが、「そんな理由で転職したくない」と譲りません。

友人に相談したところ、私が妥協すべきだと言われました。他に何か方法がないのでしょうか。アドバイスをお願いします。

（ハンドルネーム・エリ）

今回のもめ事（?）で、エリさんに見えてきたことがあるのではないでしょうか。

一つは、二人がお互いの職場の中間地点に住むには、まだまだ軍資金が必要なこと。二つ目は、彼が通勤にかける時間をかなり重視していること。三つ目は、彼が転職に対してまだ不安で定まらない気持ちでいること。……そして最後は、もめても、やはりお互いに一緒にいたい気持ちはあるということ。

お金の話はお互いが働いて追々何とかするとして、お二人の職種や業務形態を知らない私からはせめて、「これから、どうすればエリさんの負担が減るか」を提案したいと思います。

まず、中間地点での暮らしが高くて叶わない現実、しかも転職に対して不安な気持ちがある彼に今回は譲歩してもらう（エリさんの職場に近い方に住むこと）のは、「稼ぎが悪くなりそうなムードになった上に譲るなんて」とすねられてしまいそうです。彼の器が小さいわけではありません。二人で今後生きることに対して、エリさん以上に怯えているのです。自尊心を守るギリギリの状態といってもいいかもしれませんね。

エリさんはもめ事の中身を見据えて譲歩も覚悟しており、高いから中間地点を無理して選ばないという大人の見解ができています。もしもひどい負担でなかったら、通勤面での譲歩を認めて、代案を出してみてはいかがでしょうか。「火曜日と木曜日は忙しいから夕ご飯はスーパーのお弁当」とか、「月曜朝のごみ出しはお願いします」とか。ざっくりと「家事を手伝って」ではなく曜日、時間、内容を決めて譲歩した分のお手伝いを頼んでみましょう。

お手伝いというと「男も家事やって当然でしょ」「家のこと、何でも女主導で考えないで」という意見もあると思いますが、エリさんという未来の花嫁を差し置いて一足お先にマリッジブルー気味のいっぱいいっぱいな未来の新郎には、これ以上強い口調で申告できませんよ。今の不安要素はきっと、未来も心配のタネになるでしょう。
しかし、エリさんが今から冷静に優しく交換条件を出していけば、きっとそれに応じながら彼は成長していきます。

**冷静に優しく
交換条件を出していきましょう**

セックスレスの夫と一緒にいる意味がわかりません

公務員として働く女性。夫は20歳ほど年上で、結婚して2年ですが、セックスレスです。

夫が更年期にはいったのかも（？）とも考えたのですが、夫の持ち物の中から、夫の昔の彼女の写真や、私と付き合う前に彼女と行ったと思われるホテルのライターを見つけてしまいました。私は寂しくて、男友達と過ちを犯してしまいそうになります。

離婚は考えていませんが、夫は多忙で、デートすることも今は全くありません。なぜ、夫と一緒にいるのか、考えると、わかりません。

（ハンドルネーム・よしじ）

まず、「セックスレス」という言葉はどうして生まれるのか考えてみましょう。それは、自分たち夫婦以外の意見がよく聞こえる世界になったからだと言えます。セックスの回数や頻度を多くの夫婦が比べなければ、レスなのか過多なのか普通なのかという物差しは生まれてこないはずです。平均や周囲の声を聞いて得られるものもあるかもしれません。しかし、夫婦だけのプライベートな交流は他者と比較せずに深められた方が心地よきものになると私は思います。……って、私は独身ですが（2018年2月当時）。

同じ空間、同じ環境のなかで仲良く暮らせば、体の交わりはなくとも二人の平安は保たれると本能的に悟っていくから、性交渉の数は減っていくのだと思います。どうかセックスレスという比較対照からできた言葉に悩まされずに、よしじさんたちのペースを大切にしてください。

とはいうものの元カノ問題も気になりますね。よく言えば思い出を大事にする人、悪く言えば元カノの面影に振り回されている人……思いを馳《は》せる以上の行動がなければば、終わった恋であると本人も自覚されているとまずは信じましょう。いっそ、その写真をとった場所、ライターを得たホテル等にお二人で行き、「私とじゃない思い出に妬《や》いちゃった。私との歴史も作って」と言い寄る「思い出居抜き作戦」はいかがでしょうか。人間の脳はご都合主義。新鮮で楽しい記憶をお腹いっぱい与えて、二人の歴史を激しく更新していけば、自然と過去は過去として収納されるはずです。

夫婦のプライベート、「レス」の物差しに惑わされないで

第3章

仕事

昇進の野望、持たない私はダメですか？

30代の既婚者です。職場ではそこそこ評価されているとは思いますが、最近、仕事に刺激を感じなくなってきました。

結婚して仕事と家事の両立が必要になり、子どもを持つことを考えたいと思ったこともあり、情熱が薄れてきた気がします。そんな私の気持ちが伝わったのか、上司からは、もっと職場の柱となって頑張れと言われました。

上の世代の女性の先輩からは管理職を目指せと励まされましたが、正直、今の気持ちとしては、職場の柱や管理職になることにあまり魅力を感じません。もともとハングリーさとは程遠いタイプで、昇進の希望や野望はなく、そこそこ働いていられさえすればいいのです。

でも、女性の活躍と言われる今、野望を持たなければいけないのでしょうか？

（ハンドルネーム・メレンゲ）

最近、カジュアルに使用されている「野望」という言葉、なかなか乱暴ですよね。意味が「身の程を知らない大それた望み」ですよ？　失礼な（笑）。

私は野望といえば、まず某武将Nをモチーフにしたゲーム「N長の野望」を思い出します。プレーしたことはありませんが、戦国RPG的ゲームだった気がします。歴史のお話だと彼は部下の謀反で宿泊していたお寺を焼かれて自害した説が濃厚ですよね。……N長、野望叶ったのかな……と切なくなってきます。そして思うのです、「叶わないから野望というのでは？」とも。

野望と言ってしまうと聞こえはクールでも、どうしても敵や邪魔が多くていけない。それにこの飽食の時代に、精神的なハングリーさまでも抱えていくのは難しいですよ。

お腹いっぱい食べられてある程度お金があって家庭があって……そこで野望もハングリーさも培えという方がむちゃな話です。まずはメレンゲさんを取り巻く今の環境を確認し、感謝してみてはどうでしょうか。

「野望を、ハングリーさを持てと言われるほど期待されることは幸せです、しかし……」。この「しかし」の後に続くメレンゲさんの気持ちを大切にしてください。この世の中に自分の気持ちを伝え、実行することも立派な「目標」です。目標には詳細な過程があって、達成までの道のりの中にも記憶に残るような出来事がきっと待っているはず。「野望」より経験を紡ぎながら生涯付き合えそうな気がしませんか？

武将Nを見よ！
クールな「野望」より
記憶に残る「目標」を持ちましょう

ランチ時間、一人でも仲間とでも孤独です

ランチの時間が苦痛です。

今の会社では、私が入る前からグループのようなものができていて、入りづらい雰囲気です。最初はいくつかのグループの仲間に入れてもらってランチに行きましたが、私の知らない人の噂話や悪口で盛り上がったり、私が話すとしーんとしてしまったりして、いつの間にか一人で行くようになってしまいました。

特に仲が悪いというわけではないのです。気の合わない人と一緒にご飯を食べるのも気詰まりですが、他の女性の同僚たちが一緒にランチをしているのに、自分だけ一人で会話のないランチも孤独だなと思ってしまいます。

一人は気楽と割り切っていますが、一人でご飯を食べている姿を同僚たちに

見られたらイヤだなとも思います。そんな時にどう気持ちを切り替えたらいいのでしょうか。

（ハンドルネーム・トモ）

まず、「ランチタイム」と言うから「誰かとキャッキャワイワイしながら食べるもの」だという洒落《しゃれ》た印象がついてしまうのではないでしょうか。「昼食休憩」……。ほら、あっという間にシンプルで重厚な「栄養補給に集中しなくてはいけない時間」に早変わり。些細《ささい》なことかとあきれられるかもしれませんが、私は意識の改革とは、言葉の雰囲気を変えて解釈することから始まると信じています。もともと、横文字弱いんですよ私。「マストで」って言われて「え？　船の？」と答えたことも。英米文学科で何をしていたのやら。

孤独の中にいても、何処《どこ》かに属したとしても、必ず「そこにいることの不安や悩み」はついてきます。トモさんは無理して仲間入りして、「あ、やだな」と感じた末の現状。噂や悪口で心晴れない種類の方なのでしょう。

ほんのり属していたグループからさりげなく抜け出して、今でも「仲は悪くない」状況を保っている己のバランスの良さをもっと尊く思うべきです。これはすごい技術ですよ。気まずくなったっておかしくないのですから。属していない今を貴重に感じていないことは何とももったいないことですよ。

昼食休憩は一人で。文庫本や雑誌を持って、「一人でやることあるんです、私」という姿勢を整えましょう。お昼ご飯の画像を撮って、食事日記（またはブログ）をつけてます、でもいいかもしれませんね。

休憩は「休んで憩い、健やかな身体を保つもの」。とめどない悪口は不健康と無感動と不感症の種ですよ。結んだ口の内側に、美しさはたまっていくのですから。

横文字のおしゃれ感を脱して、一人で美を蓄えましょう

年上と年下から仕事を押し付けられます

35歳の会社員です。仕事自体はやりがいがあるのですが、最近悩んでいるのは、40代のベテラン社員と20代の若手社員の間に挟まれ、仕事を押し付けられることが多くなったことです。

上司から指示された仕事を「忙しいので、できません」とキッパリ拒否する20代の後輩がいます。私からすれば、優先順位を付け直せば、特に問題なくこなせるものだと思うのですが、彼女は柔軟性がないのか融通がきかないのか、頑としてその仕事をやることを拒否します。そして、当然のようにその仕事は私に降りかかってくるんです。

一方、40代半ばのベテラン社員は、「最近の若者は……」とお決まりのフレーズを吐き、20代の社員を批判しています。そして私に、「あなたは年齢が近いのだから、彼女の考えていることがわかるんじゃないの？」などと同意を求め、揚げ句の果てに「彼女をどう扱っていいのかわからないから、あなたがこれを処理しておいて」と、頼むのが面倒くさい仕事を私に渡します。

年上も年下も本当に自分勝手な行動を取るので、私の仕事量は増える一方です。所属長にこの状況を話したことはあるのですが、その人は出世を目指しているためか、事なかれ主義なので、「君は、やれる範囲でやればいいんだよ」と言うだけです。

この状況が続けば、私はそのうち職場でキレて叫んでしまいそうです。でも、そんなことはしたくありませんし、多分、性格的にできないと思います。こういう人たちを上手くあしらう方法はあるのでしょうか？　どうぞよろしくお願いいたします。

（ハンドルネーム・薫）

薫さんは他の方々から「聞き分けのいい、何でもそつなくこなせる人」として認識されていると感じました。これは非常に危険です。このままでは、あらゆる立場や世代の真ん中にいる薫さんがまるで万能のようなイメージをもたれて更に仕事が増えていき、ご自身が心身共にダウンしかねません。

悲しい結論かもしれませんが、上手くあしらうことはまず無理だと思ってください。彼らが上手く「あしらった」結果が、薫さんへの負担になっているのです。あしらいにあしらいで対抗するのは非常に難しいですし、仕事を押し付け合う悪循環にはまってしまうと考えます。そうはなってほしくありません。

ここは、一芝居打ってみてはいかがでしょうか。彼らとあまり目を合わさず、必要最低限のことだけを話し、「どうも心身優れない様子」のあなたを見せるのです。

愚痴や押し付け仕事に応じない態度をあからさまに見せなくては、あなたを頼ろうとする、のそのそとした触手はいつまでもあなたを狙ったままです。

本当に困った様子を見せてしまえば、周囲はぶつくさ言いながらも対応していくでしょう。できません、と言われたら「私もできません」。わからないのよ、と言われたら「私もわかりません」と繰り返す……。辛いかもしれませんが、負担になって潰れてしまうより、ずっとましではないでしょうか。

薫さんは優しい方です。その優しさを食い物にする人もいます。まずは彼らを敵とみなさず、「私もできない、わからない」フリをするのがここでの手段のひとつと考えます。

一芝居打って、「私もできない、わからない」フリをしてみましょう

職場のお局様を見ていると、自分の将来が怖くなります

27歳の事務職会社員です。

新卒でこの会社に入りましたが、その時から職場にお局様《つぼね》が二人います。20年くらい前からずっと同じ部署にいるそうで、社内で幅をきかせています。職場のことを何でも知っているのは当然だとは思いますが、「昔からこういう時はこうしていたわ」と、古く非効率的なやり方をみんなに押し付けて物事を進めます。

そのことに疑問を持っている同僚はいて、彼女たちに新しい方法を提案しますが、「そんなのはダメ」と却下し、提案を受け入れようとしません。気に入らない人を無視したり、入ったばかりの社員には嫌みを言ったりもしています。上司も事を荒立てたくないのか、頼りになりません。

なので、だんだんと彼女たちの顔色を見て、仕事をするようになったような気がしています。そして、「自分も同じくらいキャリアを積んだら、彼女たちのようになってしまうのか!?」と最近、考え始めました。「ああはなりたくない」とは思うのですが、年を取ることで新しい物事に柔軟性がなくなったり、視野が狭くなったりするのは避けられないのでしょうか。

こんなことを今から思い悩んでも仕方がないとはわかっていますが、どうしても気になって仕方がありません。

（ハンドルネーム・ゆきだるま）

どこの現場にもお局様と呼ばれる方は多いと思います。古くは大奥の奥女中から始まり、昔の刑務所にも「牢《ろう》名主」という古株がいて、幅をきかせていたそうですから。

ゆきだるまさんも、よほど特殊な組織にいない限り避けることはできない人種と、まずは覚悟を決めましょう。逆にピチピチフレッシュさんばかりの職場だと、「年を取ったら自分も追い出されるんじゃないか」と不安になりますが、お局様がいるのであれば、「そうそう簡単には追い出されないでしょ」と楽観的になれませんか。

あと、お局様はアニメや漫画でいうところのヒールであり、必要悪だと思うと、「お局様以外の問題は発生しにくい」と皆で意識を共有できて、一体感が生まれたりするものです。

実は、私が前にいた職場にもお局様はいらっしゃいました。誰も表立って逆らえませんでした。しかし、私は隙を見て彼女の過去の恋愛や経験を引き出すような雑談をけしかけてみたのです。

もちろん、うっとうしいと思われました。でもさらに距離を縮めて、「人懐っこくてうざい」と思われるほどに近寄ってみました。あれこれ聞くうちにありました、彼女がどうして現在のような形態になったのかというヒントが！

昔のエピソードを知ると、憎たらし……じゃなかった、古い知恵を重んじる彼女がだんだんいびつで不器用な人に思えてきたのです。苦手なことには変わりありませんが、「この人も人の子」と心にワンクッション入れられました。

距離を置きつつ反面教師にすることも大事ですが、反面教師にするならば、いっそ、その教師に近寄っていろいろな感情を引き出し、存分に疲れさせてからご退職いただきましょう。お局様になる方は、大体体力ありますよ。

年を取り、頑固になることは不可避です。どうしても自分の中に守るべきものが増えますもの。しかし、おかしな大人にならない術《すべ》はあります。半分認めて半分抗《あらが》うと疲弊も少ないはずですよ。私は現在、「優しいクソババア」を目指しています。

おかしな大人にならないために、半分認めて半分抗うことが大事

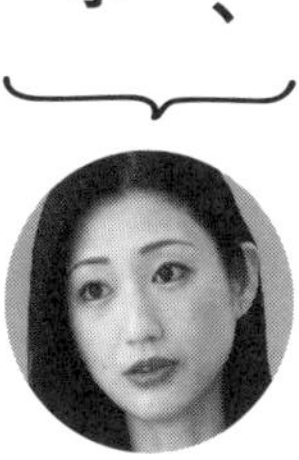

他人の劣る部分を見て、優越感を持ってしまいます

はじめまして。私は30代前半の会社員です。相談したい内容は、「人の悪いところを考えてしまう自分を直したい」というものです。

私は、他人の見た目や仕事で〝自分よりも劣っている〟と思う点をあら探しし、「私の方が勝っている」と優越感を持つことで安心する、ということをしてしまうのです。子どものようで、本当に恥ずかしいのですが、長年この考えから抜け出せません。

もちろん、このことを本人に言い放ったり、別の人に言ったりすることはありませんが……。これは見知った相手だけでなく、全く知らない人にもしてしまいます。

別に、自分の容姿に自信があるわけでもなく、素晴らしいキャリアや自慢で

きる役職があるわけでもないんです。自分が精神的に余裕のない時、他人の〝劣っている〟ところを見ていないと安心できないんです。そして、そんな自分に嫌気が差しているのも事実です。
こういう考え方を持ちながら、これから年を重ねていくことも怖いです。どのようにしたら、他人の悪いところを意識せずに、自分と向き合えるのでしょうか。ご回答よろしくお願いします。

（ハンドルネーム・れん）

身近な人と自分を比べたり優劣をつけたりするのは、誰にでもある感情だと思います。もちろん私にだってありますよ。新人の頃に共演者の女の子がすごく若くてかわいくて……。だから、彼女の若さ故に出てくる子どもっぽい言動を注視しては安心感を得ていましたもの（笑）。

れんさんはそういうことをしてしまう自分を自覚できて、それがイヤ、と思える……。とても優しい思慮深い人なんだと感じました。「優劣つけたりして、やだなぁ私は」と思える人は余裕がない人なんかじゃないですよ。余裕がない人は安心を得るために、他者との比較を表に出すような言動をしてしまいますもの。

他者の劣っている部分を探してしまうのは、その人がうらやましい相手だからかもしれません。うらやましいということは、少しは好意があって、でも自分の立場やプライドから上手く好きになれない——そう考えてみてはいかがでしょうか。そして、劣っている部分を見つけてしまったら、「私も気を付けよう、こういうところ」と心に留めてみましょう。愛すべき反面教師的な部分もある相手と考えれば、少しは自己嫌悪が和らぐのではないでしょうか。

それに、自分が思っていることは、相手が思っていることかもしれません。相手は自分を写す鏡と思えば、心構えにも更なる気合が入るでしょう。傍若無人になることもなくなります。そして、悪く思うより興味がないという放棄の感情が相手への一番の無礼です。どんな形でも他者に注目できるれんさんは、ちゃんと「向き合えている人」ですよ。

もし本当に自分がイヤになってしんどくなったら、優劣をつけてしまっている相手の「優」の部分を思いきって直接相手に言ってあげてみてはどうでしょう。悪感情が昇華されて、きっと少しだけ楽になりますよ。

相手は自分を写す鏡。注目できるのは、向き合えている証拠です

第4章

将来

宙ぶらりんの賃貸暮らし マンションを買うか迷います

賃貸マンションに一人で住んでいます。東京都内だと家賃も高いので、ローンを組んでマンションを買おうかとも思っています。ただ、この先どうなるのか、未来が見えません。

転勤があるかもしれないし、結婚もするかもしれない、会社だって大丈夫かわからない。マンションを買ってしまうと、そこに縛られてしまうし、ご近所がいい人かどうかもわからない。決めてしまうのが怖いのです。

何かきっかけがあればとも思うのですが、そんなこともないまま、ずるずると同じマンションに住み続けています。家賃や更新料がもったいないという声も聞くのですが、なんだか宙ぶらりんの気持ちのまま、30代を過ごしていていいのか迷います。

（ハンドルネーム・ふみ）

ご相談ありがとうございます。現在ふみさんは賃貸にお住まいのまま迷っていらっしゃるご様子。ふみさんのように「AかBかで決めかねているけど、今の自分はAの状況に身を置いている」という方は多いような気がします。

今何となく勤めながらも「いつかは転職」を考えているが、リスクを想像するとこのままでもいいのかもと立ち止まってしまう……だったり、今何となく結婚していて「いつかは離婚」を考えてみたものの、経済的安定の崩壊を想像するとこのままでもいいのかもと決断が揺らぐ……だったり。悩む項目は違えど「今の状況から踏み出せない。だってリスクがあるもの」と逡巡している方はたくさんいらっしゃいます。

ふみさんはご自分を宙ぶらりんなんておっしゃいますが、誰しもが生きている上で

「どうしよう」に直面して常に迷って宙ぶらりんですよ。毎日ブーラブラ（笑）。迷うということは自然で、自分をよく知る手段になっているので悪い事ではない、ということをまず受け入れてくだされば幸いです。

そんな時は、決断までの道のりに「補助」をつけてみてはどうでしょう。補助の目標です。散策を兼ねて徹底的に住みたい場所をあらゆる面からリサーチ、合格点ならマンション購入とか、狂おしいほどの恋に落ちて、近隣がどんな環境でも構わずその人と一生を添い遂げたくなったらマンション購入……とか。今の環境だけではどうしても決められないのなら、「〇〇したら、△△できたらマンション買うぞ」と掲げてみれば、その補助目標がクリアできた時に「マンション購入」が自分にとってどんな意味があるのかが見えてくるはずです。目標達成したけど、やっぱり買わない……となるのも立派な判断ですよ。たとえ時間はかかってもその決断にきっと揺るぎはないでしょう。

家賃なんて無駄、と言ってくる者にはこう伝えましょう。「大人になれば、どんな時間も空間も有限で有料なのよ。無駄と思えばソレマデヨ」と。無駄と考えず悩むふみさんは、「家賃ムダムダ思考でそのまま停止している人」より幸せです。

誰もが生きているうちは
宙ぶらりん、
迷ううちに決断が見つかります

友達も恋人もいない30代。人生を好転させる方法はある？

30代男性です。友達が一人もおらず恋人もいないため、休日にやる事がなく辛いのが悩みです。社会人になってすぐに6歳年上の彼女ができましたが束縛が強く、職場は女性が多かったため友達は作れませんでした。学生時代一番仲の良かった友達はお金を貸してほしいという連絡が多くなり縁を切りました。もともと友達が彼くらいしかいなかったため、それ以来、友達と呼べる人はいなくなりました。

社会人になって初の職場では飲み会などもありそれなりに楽しかったのですが、何度か転職をし、現在の職場では仕事以外で職場仲間と会う事もありません。彼女とも2年前くらいに別れ現在に至ります。

なんとか出会いが欲しいと思い、婚活サイトに登録しましたが、女性からは連絡がほとんどなく人生行き詰まった感があります。一人暮らしで話し相手や悩みを打ち明けられる相手もおらず心が折れそうで、何を頼みに生きればよいかわかりません。

しばらくはお金を貯めてから本格的な婚活目的で結婚相談所に登録するのがいいでしょうか？　恋人が欲しい気持ちが強いのですが、婚活サイトとは違って費用が高いためすぐに始めることは難しいと思っています。何か人生を好転させる方法がないかご教示ください。よろしくお願いします。

（ハンドルネーム・まんもす）


質問ありがとうございます。私も友と呼べる知人はいないといってもいい環境です。恋人はいたりいなかったり……まんもすさんと環境は似ています。

行き詰まった時、相談したい時に誰も側にいないという孤独も感じたことがあります。「いっそお金を払って話し相手になってくれるような人を探そうか」と思ったほどです。しかし、私が現在そこそこいろいろあっても、友がいなくても別にいいやと思えるようになったのには理由があります。それは「自分は何かあっても『人に話して良かった』と思える性分ではない。友が周囲にいないのはもはや運命だ」という自己分析ができたからです。それよりも小さき生き物や体を動かすことに時間を費やす方が性に合っていました。友よりもペット……だったようです。

まんもすさんにもこの様な生き方を推奨するわけではありませんが、まずは体を鍛え、自分よりも小さくか弱い生き物に寄り添い、愛を与え、慈しむ方法を試してみてはいかがでしょう。さすれば婚活も「孤独を和らげるために誰かを探す」目的から、「守りたい誰かを探す」という頼もしい視点に変わるでしょう。

誰かがいても、独りでも、孤独は形を変えて付きまといます。孤独を飼い慣らす者は孤独をまとう者……。孤独をまとう者は人の痛みがわかる者。私もその域に達するまで精進します。一緒に鍛錬しましょう。

友が周囲にいないのは運命？孤独を知り、痛みのわかる人を目指しましょう

子どもがいない人生は後悔する？ 自分がどうしたいのかがわかりません

自分がどうしたいかがわかりません。仕事も面白くなってきて、まだまだ自分のキャリアを積みたい！もっと上にいきたい！と思い、プライベートの時間よりも仕事に全力投球しています。会社からも評価していただき、モチベーション高く働いています。

しかし、結婚して数年たち、周りの同い年の友人たちもどんどん子どもができて、焦らないかと言われると嘘になります。今の自分の仕事のやり方は、子どもがいると続けられないのもわかっています。さまざまな本を読むと、子どもができてから仕事にも活力が出る、時間の使い方が上手くなるとかありますが、今の私の仕事に対する熱量は、子どもがいてできる状況じゃありません。

産休育休に入るなら、いっそのこと辞めるしかないと思うくらいに仕事には全力なのです。もちろん、尊敬できる上司の下で本当に楽しくやっている以上、辞めたくもありません。
結局のところ、自分がどうしたいかがよくわからず、モヤモヤが続く限りです。でも、このまま子どもがいないまま一生が終わったら後悔しないかなあ。ちなみに、旦那はずっと単身赴任で、一緒に生活していません。この状況はこれからもずっと続く見込みです。

（ハンドルネーム・白菜）

まず、家庭環境は白菜さんのところ独自のもので、夫婦の関係も皆と比べても答えは出てこない、むしろ遠ざかる……ということを念頭に考えていきましょう。これはなかなか難しいものです。生活していればどこにでも比較の種はありますから、今ももやもやするのは当たり前です。周囲の方々が正しい答えを出しているようにも見えますよね？

でも、皆がそれぞれ独自の悩みを抱えていることもお忘れなく。アドバイスをする人や断言する人ほど、内ではとんでもない悩みに脳がパンクしそうになっているかもしれませんよ。そりゃ、私だって悩みのひとつやふたつやみっつ……（笑）。そんな妄想をしてみると、ちょっとだけ楽になりませんか？

今の白菜さんは、見えない出口の前で「出口って何だっけ」と考えてしまうほど疲弊しているのかもしれません。職場の白菜さんからも、妻である白菜さんからも、悩める女性としての白菜さんからも離れて、「新しい白菜さん」を作ってみてはどうでしょう。あえて興味がなかったことに目を向けてみるのです。偶然見かけた本に没頭したり、近所にある習い事に打ち込んだり、たまたま知ったボランティア活動を手伝ったり……できるだけ個人でできることを。

何でも近道、時短が善とされる世の中に反抗して、時間を割く、作るという行為を無理やり自分に課してみて、パンパンにつまった脳内に風を通しましょう。新しい価値観、別腹ならぬ「別脳」の誕生は、きっといい風を運んできてくれますよ。

「別脳」を誕生させて、人生に新しい風を吹かせましょう

お金もうけをして、リッチな暮らしをしてみたい

お金持ちになるにはどうしたらいいでしょうか?

両親が休まず懸命に働いているのを見て育ち、大学も奨学金とアルバイトで卒業しました。苦労した割にはなぜかあまりお金に執着がなく、財テクにも興味がないまま40代の今まで独身、契約社員としてずっと働いてきました。

最近、お金に執着がないのは、自分がお金持ちになるイメージがつかめなかったのが原因かも、と思うようになりました。転職や海外暮らしなどやりたいことを全部やってきましたが、次に新たなチャレンジとして、お金もうけをしてリッチな暮らしというものをしてみたいと考えています。が、なにしろその方面で頭を使ったことがないので、どこから始めていいのかさっぱりわかりません。

（ハンドルネーム・ワナビカフェ）

「世の中お金じゃない」という意見もありますが、悲しいかな、お金で何とかなることは多いこの世の中……お金持ちになりたいと全く思わない、と思う人はあまりいないような気がします。私自身、お金はあっても邪魔にならないし……と、お金を敬遠する気持ちは薄いような気がします。ワナビカフェさんはお金持ちになりたい欲が今むくむくと湧いている真っ最中のようですね。利益を優先すれば情は薄くなり、情を優先すれば利益は遠退《とおの》く……心地よきお金もうけは正解がないため大変難しいと思います。

新事業のアドバイスはできませんが、「その時々のぜいたく」をすることでリッチな気分になり、新しいアイデアが出やすくなると思います。この日だけは自分を許す、甘やかす日と決めて、今できるぜいたくのプランを立ててみてはいかがでしょうか。

張り合いができれば日々が前向きになり、計画を立てれば現状の気になることがクリアになり、少しのぜいたくをすればガス抜きにもなります。悶々《もんもん》として上ばかり見上げ、うらやむだけの時間を減らすことができるでしょう。

ワナビカフェさんはリッチに憧れるだけの人ではありません。今の環境に自分なりのぜいたくを足して暮らせることを忘れないでください。少しのぜいたくで得られる満足を繰り返し積み重ね、生きることへの余裕を作りましょう。その余裕が、次の「リッチだと思うこと」「それに向けてやるべきこと」に繋がっていくのですから。

少しのぜいたくを繰り返して満足を積み重ねていけば、次に繋がるはず

三十路を超える歳になり

——私の30代までをプレイバック——

「私ごときがアラサー女性の悩みに答えていいのか？」と思ったけれど……

読売新聞さんのwebサイト「OTEKOMACHI」でお悩み相談アドバイザーに選んでいただいたのは2017年、今から3年前のことでした。相談者はアラサーの女性だと聞いて、光栄なことだと思いつつ、「私ごときが？」と少々戸惑ってしまったのを覚えています。

私は男性をターゲットにして売り出したタレントであり、自分が世間でどういう見られ方をしているのかについては知っているつもりです。壇蜜という女が「苦しい時代を生きる殿方にハァハァしていただくことが使命です」などと言いながらメディアに登場すれば、男性は喜んでくれたかもしれませんが、女性は眉間にシワを寄せる。自分という存在は女性の敵なのだという思いは、今も私の根底にある価値観から消えません。

ですから、「壇蜜さんは女性からの支持が高いです」と言われても、「デビュー当時と比べたらですよね？」と構えてしまう。少なくとも3年前は今よりずっとさまざまなトラウマを色濃く引きずっていたので、正直、読者の皆様から「アンタのアドバイスなんか誰が聞くか」と反発を買ってしまうのではないかと不安でした。

ただ、四人の回答者の中の一人だと伺って腑に落ちたのです。四人グループのアイドルなどには一人トリッキーな子が入っていたりしますよね。奇を衒《てら》った回答をする役割ならアリかもしれないぞ、と。その上で、無理して見栄を張ったり、上から目線でアドバイスすることはしまいと固く心に誓い、アドバイザーをお引き受けすることにした次第です。

実際にアラサー女性の悩みと対峙してみて思ったのは、人にアドバイスをするのは想像していた以上に難しいということでした。その反面、他人のことだから言えるというか、自分自身が同じことで悩んでいたとしたらここまで客観的に分析することはできないだろうなと感じることがあるのも事実。だからといって、トリッキー担当と思しき私の価値観だけで回答してしまってよいものかどうかと案じていたところ、食卓に並ぶ「海鮮の瓶詰め」が更に私に勇気を授けてくれたのです。

ラジオで存在を知り、三陸からお取り寄せしてみた「海鮮の瓶詰め」なるものがありまして。上からイクラ、タコ、サーモン、めかぶだったような。これら4種を解凍して食すのですが、その時、私が着目したのはめかぶでした。私は思わず「めかぶ、お前もか」とつぶやいていたのです。四人の回答者の中で私はめかぶ的存在。一人だけタンパク質じゃないぞ、みたいな。でも、めかぶもいい味出しているじゃないかと。君がいないと味気ないぞと思うわけで、以降、私もそうありたいと考えながらお悩み相談に向き合ってきました。

いつも私自身の過去の記憶や経験を総動員して回答することになるのですが、20代半ばから30代にかけての暗黒時代がまざまざと蘇り、一人勝手に苦しくなることもあります。何をやっても上手くいかなくて、だから将来が不安でたまらなかったあの頃。迷いながら、悩みながら、何とか力を振り絞って行動を起こすも待ち受けているのは八方塞がりの更なる闇。「ああ、この道も行き止まりだったか」「ああ、またもや迷路にハマってしまった」と嘆きつつ、喘ぎつつ、私は生きていたのです。

苦い経験の数々が私の武器となる日がくるなんて夢にも思っていませんでした。人生相談の回答者として、今を生きるアラサー女性のみなさんの悩みをビシッと解決することはできないまでも、「なるほどこういう考え方もあるのか」という心の迷路から抜け出すためのヒントを提供したり、はたまた「壇蜜のような女でも何とかなったなら大丈夫そうだ」という希望を見出していただくことならできるかもしれません。世の中にこれほどまでにうれしいことがあるでしょうか。

ところで、「壇蜜の経験した暗黒時代ってどんなだったの?」という声が聞こえてきそうです。そこでこの場を借りまして、私自身の過去を遡り、仕事や恋愛における価値観の変容（つまり成長ですね）及び、我が暗黒時代の全貌を時系列にお伝えしてきたいと思います。

就職氷河期という時代の波に翻弄されて

私は秋田県で生まれ、1歳の時にツアーコンダクターをしていた父の仕事の関係で東京へ移住し、社会人になるまで両親と一緒に世田谷区で過ごしました。
当時は専業主婦が主流でしたが、母は保育士としてバリバリ働くキャリアウーマン。私は一人っ子なので幼い頃は祖父母と共に両親の迎えを待っていました。いつしか自分も母のように仕事を持って生きていきたいと考えるようになります。精神的にも経済的にも自立していた母はイキイキと暮らしていました。父とは平等な関係性を築き、欲しいと思ったものや、やりたいと思うことがあれば自分の意思で決めていたように見えました。仕事を持っていれば女性は自由に生きていけるかもということを、私は早くから知るようになります。

昭和女子大付属小学校に入学し、エスカレーター式に中学、高校へ。そして大学は英文科に進学しました。母が「これからは英語ができなくちゃダメよ」と勧めてくれたからです。ところが……。1年の時には学校のカリキュラムでボストンに短期留学したり、帰国後も家庭教師をつけてもらったりしながら自分なりに頑張っていたのですが、専門的なことを学べば学ぶほどわからなくなってきて、成績は悪化の一途を辿ります。そこで日本語ならと進路を少々変更し、日本語の教員免許を取得したものの時代は就職氷河期の真っただ中。就職活動がぜんぜん上手くいかなくて大きな挫折感を味わいました。

今にして思えば、正社員として就職できなくてもインターンやアルバイトとして企業で働くなど、幾らでもやり様はあったはず。実際、バイトで入った会社で景気向上に伴い正社員になったという同世代の人は意外に多いものです。でも当時の私は途方に暮れるばかりでした。自分がどういう人間であるかとか、自分がどういうことに熱中できるのかといったことを社会の中心で働く人達に伝える術がないと愕然としていて……。でも本当は、自分が何をしたいのか、自分には何ができるのかがわかっていなかった。もっと言えば考えることさえしていなかったのだと思います。

調理師免許を取得し、和菓子工場で働いてみた

もとより自分を責めてしまいがちな私の中には、こんなにも人生が上手く行かないのは時代のせいばかりではない、自分が努力をしてこなかったからだという罪悪感が

ありました。そして、その罪悪感こそが「どんなに苦労をしてでも手に職をつけよう！」という前向き（？）な発想を生みだしてくれていたのです。

私が選んだのは調理師免許を取得するという道でした。母の友人が和菓子の事業を立ち上げるので一緒にやろうと誘ってくれたことに希望を見出し、服部栄養専門学校のテクニカルコースへ。ところが2年で調理師免許を取得し、いよいよ和食の事業をスタートさせるぞという時に母の友人が病気で亡くなってしまいます。ショックでした。内向的だった私の数少ない理解者の一人であり、ビジネスパートナーとして信頼していた人の死を受け入れることができなくて苦しかったです。

とはいえその後も働かなくてはいけません。もちろん自分のためなのですが、この頃は親をガッカリさせたくないという気持ちが強かったような気がします。世間体、気にしていました。いろいろ考えた末に調理師免許を活かすべく、和菓子工場で働くことにしました。

最初は来る日も来る日も餡を練っていたのですが、やがて季節のお菓子の下ごしらえをさせてもらえるようになり、重労働でも充実していた時期はありました。でもその気持ちが長く続くことはなく、私は先輩達がコンテストに出品する和菓子のことに夢中になっているのを尻目に「早く家に帰って『水戸黄門』を観たい！」とか思っていたりして。要はやる気スイッチが入っていない状態だったのです。

その一方で、専門学校時代、研修旅行に行くための資金作りとしてやってみたホステスのバイトは思いのほか楽しかった。あれは23歳の夏のこと。銀座のクラブ街へ行けばどうにかなると思って昼下がりの銀座をウロウロしていたら、本当にスカウトマンから声をかけられてノコノコと喫茶店についていき（真似はしないでください。キケンです）、気づけば銀座のクラブでヘルプのバイトをしていたという……。

手っ取り早く稼げそうだというだけの理由で始めたホステスのバイトでしたが、気づくのです。「ホステスという仕事は私に向いているかも」と。店のママからも「アンタはホステスとしての才能がある」と言われていたのです。が、またもや親の顔や世間体がちらついて、プロのホステスとしてやっていく決意を固めることができませんでした。

「職業的ド変態」という個性を生かして

どうやって生きて行ったらいいのだろう？　と暗礁に乗り上げて悶々と過ごす私の脳裏にチラチラと浮かんでいたのは、17歳の頃に漫画で知ったエンバーマー（遺体衛生保全士）という仕事でした。ご遺体を生前の元気だった頃の姿に近づけるエンバーマーのことを思い出したのは、母の友人の死を通じて死生観について思いを巡らせていたからでしょう。それともう一つ、これは今だから言えることなのですが、私はきっと「職業的ド変態」なのです（笑）。

人がイヤがることをあえて仕事にしたいというような願望があって、苦しいことがあっても、誰かに後ろ指を指されたとしても、まぁお金が入って来るのだから良しとするかと、割り切っていられる。もしかしたら、こうした私の中の職業的変態性みたいなものが生きていく上での最大の強みだったのではないか？　と自己分析しているのですが、それに気づくのに10年以上かかりました。

当時は自分にできそうな仕事、長く続けていけそうな仕事、夢中になれそうな仕事を探すのに必死だったのです。漫画を読んで「私もやってみたい！」という願望を抱き、死体が怖くないであろうと勝手に予想していた自分にとって、エンバーマーは天職に違いないと20代半ばになっていた私は思いました。

そこで自宅近くの公益社に連絡をして「保全士になるためにはどうしたらよいのでしょうか？」と問い合わせたところ、係の人が「神奈川県平塚市に日本ヒューマンセレモニーという専門学校があって、そこで資格を取得することができる」と教えてくれたのです。さっそく願書を取り寄せ、親に頼んで学費を出してもらうことに。ここから2年間、私は保全士になるための勉学に励みます。

それにしてもホステスにエンバーマーと、立派な仕事とはいえどうしてこうも親が期待しないところにばかり気持ちがいくのだろうか？　というのが当時の悩みと言えば悩みでした。その実、エンバーマーの漫画を読んで感動を覚えた17歳の時点で、自分が親の期待には添えない人間であることはわかっていた気がします。

自分は内気だとばかり思っていたのですが、それは私の中のA面なのだと気づいたのもこの頃。ヒョイと裏返したB面には、「どうにかなるさ」「やっちゃえ、やっちゃえ」と自棄《やけ》にふてぶてしい別人格が潜んでいることがわかってきて、人間というのは実に奥深い生き物だと感嘆したりしていました。

自分を取り戻すのは意外と簡単だった

20代半ば過ぎから私の人生はさらに複雑化していきます。大きな要因となったのは恋愛。当時、交際していた男性は束縛が酷くて、私の帰りを我が家の前で待っているわ、人の携帯は勝手に見るわ、GPSをつけるわで、面倒臭いのに引っかかっちゃったなぁと思っていました。

しかも、「僕がいないと何もできないくせに」などと言って女を見下して優越感に浸るタイプ。私もさんざん卑下されましたが、図星だったので言い返すことができなかった。経済的に彼に縋《すが》っていたのも事実でした。男の顔色を伺うのはイヤだ、もう辟易だと思っても別れる決意さえできない。なぜかといえば、なんだかんだ言いながらも自力で稼ぐよりラクだったからです。

こんな女にいい男がつくわけがありません。素敵な男性に出会いたいのに出会えないと悩んでいるアラサー女性が多いようですが、本気で素敵な男性に出会いたいのであれば、まずは自分が素敵になることだと声を大にしてお伝えしたいです。

結局のところ、私の目を覚ましてくれたのは交際して2年ほど経過した頃に言われた「もし僕が浮気をしても、それは僕のせいではなく、君の価値が下がったせいだからね」という彼の言葉でした。もう限界だと思いました。それで金輪際会うまいと決め、彼から貰った高価なアクセサリーや化粧品などをすべて彼の家に置き去りにして自宅へ帰ることにしたのです。

お化粧品がないと困ると未練がましく思いたくなかったけれど、お金がなかったので、たまたま家に来ていた祖母に2千円借りてドラッグストアへ向かいました。プチプラコスメを買いそろえて、百円ショップで買ったポーチに入れてみました。すると「これで大丈夫。明日からも困ることはない」と思えて、執着心がスーッと消え去っていくのを感じました。「なんだ、自分を取り戻すのはこんなに簡単なことだったたのか」と拍子抜けしたのを覚えています。

自分の裸を観て癒される人がいるのなら嬉しい

彼と別れたのと時を同じくして、私は彼に対する面当て半分、自分に自信を備えたいという願望半分で、ゲーム『龍が如く4　伝説を継ぐ者』のオーディションを受けるというトリッキーな行動に出ました。

オーディションに合格し、ゲーム内のキャバ嬢役で『龍が如く4』に出演したのは、日本ヒューマンセレモニー専門学校に在学中だった28歳の時のことです。でもその時点では芸能界に進みたいという気持ちはありませんでした。専門学校を卒業した後は、指導してくださった先生に誘われ、非常勤ではありましたが大学病院で研究補助の仕事に就きます。白衣や手術着を纏《まと》い、真面目に働く毎日。職場の人間関係にも恵まれ、やっと自分の居場所を見つけた気がしました。ここにいれば大丈夫、すごく安定している、これこそが私の望んでいた人生だと。

ところがB面の私がじっとしていてはくれませんでした。イベントでご一緒したスタッフさんが「こういう仕事、楽しいでしょう？　続けてみませんか？」と声をかけてくれたのは偶然ですが、そこで強い関心を寄せたのは私。「女優さんとしては難しくても、イベントの時に客寄せとして登場するキャンペーンレディのような仕事ならギャラも高いし。よければバイトを紹介するよ」と続く誘い文句に、「そうかギャラが高いのか、今しかできないしな」と思い切り心を持っていかれていました。ゲンキンですよね……。

記念にという名目で、とある雑誌が一般公募していたグラビア企画に応募して。それを見た編集の方がタレント事務所に入ったらどうかと事務所を紹介してくれました。私はてっきりキャンギャルみたいな仕事だと思っていたのですが「イメージDVDを撮りましょう」「イベントに出ましょう」「雑誌の仕事をしましょう」と言われて、「あれ？　ガムの試供品、配らなくていいんですか？」って（笑）。

順応性があるのか、ただの恥知らずなのか、やはり職業的変態のせいなのか、露出度はエスカレートしていく一方でしたが、私は自分の裸を観て癒される人がいるのなら嬉しいことだと自分の価値を見出していきました。

この頃発見したことに、極寒や猛暑は人の羞恥心を打ち砕くのだなというものがあります。たとえば雪景色の中に赤い襦袢《じゅばん》で佇む女は、グラビアを鑑賞する人達にはエロ美しい一枚かもしれませんが、襦袢一枚で佇むほうにしたら修行です。とにかくこの撮影を早く終わらせなくてはいけないということで頭がいっぱいになり、恥ずかしいとかどうでもよくなってしまう。それにギャラが派生するのだからと思えばモジモジしてなどいられません。撮るのはカメラマンの仕事。撮られるのは私の仕事。ただそれだけです。

大学病院でもオープンにしていました。真面目な職場でしたので批判されてしまうかもしれないという一抹の不安もありましたが、偏見に惑わされない器の大きな方ばかりでした。「コンビニで雑誌を買ってグラビア見たよ」とか、「登場する雑誌のグレードがアップしてきたね」と声をかけてくださって、あれは本当にありがたかったです。

セクシータレント「壇蜜」の誕生

事務所に所属した時に自分で考えた「壇蜜」という芸名は仏壇の「壇」、それに神様の飲み物の味を意味する「蜜」から取りました。専門学校で学んだことを活かして生きていないじゃないかと自分を責める気持ちを抱えていたので、せめてもの罪滅ぼし。デビュー当時、インパクトの強い名前だと褒めていただくことが多かったのですが、実のところ「壇蜜」は、免罪符的な名前なのです。

親はショックだったと思います。教育費を何千万円もかけたのは、ちゃんとした人間に育ってほしかったからなのに、なぜ普通のことができない子に育ってしまったのだろうと。

でも最早、咎《とが》められることはなく（諦めもあったのかも……）、3年だけという約束でグラビアの仕事をすることを許してくれました。両親は私が就職難でしんどかったり、束縛の激しい彼との恋愛がしんどかったりしたのを知っていたので、娘がしんどくないならいいかと、そこに救いを見出してくれていたのではないでしょうか。

私のことをセルフプロデュース力があると思ってくださる方もいるようですが、それは結果論。ただしキャラづくりをしっかりと固めておいたほうが、壇さんとしての市場価値は出るだろうなというのは最初から思っていました。壇蜜という女は、髪を染めないし、パーマもかけない。マニュキュアもしなければ、つけまつげも使わない……。

当時、私は最先端なものが大好きだという男性と交際していましたが、古いタイプの女性に安らぎを覚えるという男性が一定数いるということを銀座のクラブで習得していました。最先端でいくか、古風でいくか。どちらを好む男性の方が多いのか、どちらが自分にとって楽にできるのか、どちらが人目を引くのか、どちらがお金をかけずにできるのかなど、さまざまな角度から考察した結果、ワンテンポ遅れている女、ちょっと昭和の匂いのする女を目指そうという結論に達したのです。

特別な根拠はなく、イケるという確信も持てずにいましたが、既に29歳になっていた私が若いグラビアアイドル達に負けないためには、一か八かであっても戦略を立てずにはいられなかった。普通にやっていたら埋もれてしまうのは目に見えていました。だから若い子には真似しにくい艶のある演出や意味深な発言を意識して、特別枠を作るしかないと考えていたのです。

どんな仕事も手を抜いてはいけない、という学び

仕事に関しては、つくづく時代に応援されたなと思います。私が事務所に所属したのは今から8年ほど前でしたが、ちょうどガラ携帯からスマホに移行する過渡期にあたっていて、きわどい画像や動画の引きが多く、あまり有名ではないグラビアの子達もたくさん起用されていたのです。私もその波に乗ったのと、コスプレだったり、着エロ、フェチだったりといったマニアックな雑誌がまだ存在していた時代だったことも大きかった。ちょっとエッチなグラビアの仕事がどんどん入ってきました。

当時の事務所が売り出し方などを考えていなかったことも私にとっては追い風にな

りました。たとえばラブホテルがタイアップしてくれるという話があった場合、撮影場所がラブホテルだったりします。すると、「うちのタレントはちょっと」みたいなことが起こるわけです。でも私は「できますよ」って。「このギャラではうちの子はちょっと」みたいなことを言う事務所もありますが、私は「やりますよ」って。

しかも「ラブホでの撮影かぁ」「ギャラが安いのかぁ」とテンションを下げることなく、どんな仕事も淡々とやっていました。確かにその仕事だけで考えると美味しくないのです。でも時として「好評だったので、あなたでシリーズ化したい」とか、ラブホで映像を観たという大手出版社の編集者から「うちの雑誌のグラビアに出ませんか?」みたいなことがあったり……。誰が見ているかわからないのだから、どんな仕事も手を抜いてはいけないのだなという学びがありました。

そうこうしているうちに30代に突入し、31歳になった年にテレビ番組「サンデージャポン」から依頼が来て出演したのを機に、突如として忙しくなりました。ちょっとビックリするような勢いで知名度も高まったかもしれません。

でも誰を信じていいのか、自分がどこに向かっているのかがわからないまま走り続けるというのは怖いことで、私はどうなってしまうのだろうかと猛烈な不安に襲われることも。そんな時は用もないのに行きつけの西友ストアへ行って「生活用品コーナー」をグルグル。きっと昔から馴染みのある場所で過ごすことによって自分を取り戻そうとしていたのでしょう。

家に帰ると壇蜜という着ぐるみを脱いでリラックス

自分が持て囃《はや》される時期など長く続くことはないだろうと思っていたし、好奇の目に晒されているという自覚もありました。それでいいと割り切っていたつもりなのですが……。

テレビ番組に関わる人などからものすごく軽く扱われたり、共演者からおもむろに侮蔑の目で見られたり、侮辱的な言葉を投げかけられたりすると悔しくて……。

やがて私は現実逃避の一環として、自分は壇蜜という着ぐるみを着て仕事をしているのだと思うようになります。朝起きると壇蜜の着ぐるみを着て、仕事をして、帰宅すると壇蜜を脱いでクローゼットに掛ける、休日は天日干しもするよ、みたいな。着ぐるみを脱ぐとユニクロを着ている本名の齋藤支静加が現れ、「あー、疲れた」とか言いながらソファーでリラックスするのです。

批判されても、揶揄されても、その対象は壇蜜であって、齋藤支静加ではないと平気な顔でうそぶきながら。私はこの方法で一気にストレスレスになったので、アラサー女性の皆様にも推奨します。心にコスプレを！

もしくは、自分に別名をつけてしまうというのはどうでしょうか？「あさりちゃん」という漫画の中に、おしとやかになりたいと考えたあさりちゃんが、名前を雅にしてみようと思い立って「ありさ」と名乗り始め、それに伴ってキャラが変わるという話がありました。結婚して苗字が変わっても、職場では旧姓を名乗っている人などもいますよね。あれも主婦モードと仕事モードを切り替えるスイッチのような役目をはたしているのでしょう。アリだと思います。

欲しいと言えば、手に入らない

壇蜜は3年で賞味期限が切れると思っていました。というのも、他のグラビアの子たちが「脱いだらどこからも声がかからなくなって終わる」と言っていたから。「私はもう脱いじゃったから終わるんだね」って純粋に信じていたのです。それならそれで大学病院に戻ればいいのだしと、そこは楽観的でした。グラビアの仕事が忙しくなってから病院の仕事は休みがちにはなっていましたが、定期的に行っていて、辞めたわけではなかったので。

ところがテレビに出るようになってからというもの、発言を求められるようになるなど壇蜜はたちまち人格を与えられ、するとグラビア以外の仕事へと活動範囲が広がっていきました。この上もなく喜ばしいことでしたが、こうした流れはセルフプロデュースの賜物などではなかったのです。

むしろ私は何も考えていなかった。どうせ壇蜜の寿命は短いのだからという諦めにも似た感覚があり、もちろん仕事は投げやりではなく心してかかっていたのですけれど。女優になりたいというのでも、コマーシャルに出たいというのでも、本を出版したいというわけでもない。だから余計なアピールはしないし、誰かに迎合することもない。我ながらシンプルで、なかなかに風通しが良かったなと思います。

私はそこに至るまでに体験していた暗黒時代を通して、人生は儘《まま》ならないことをイヤというほど思い知らされていました。欲しいものは手に入らず、欲しくもないものは寄ってくる。これが世の常。私の座右の銘は「欲しいと言えば、手に入らない」です。欲しいという欲を捨てていたからこそ、周囲の方々に恵まれ、女優として活動するチャンスをいただいたり、コマーシャルに起用していただいたり、本を出版する機会に恵まれたりといった素敵な出来事を引き寄せることができたのではないかなと思うのです。

損した自分を許せる自分になる

私が思うに、アラサー女性の多くは手放すのが下手なのです。何を手放して、何を残しておけばいいのか見分けることができずに立ち往生しているというケースが多いようです。恋愛の悩みにしても「7年も付き合ってきて、今更別れられない」とか。いやいやキャリアは関係ないでしょうと。今が楽しくないなら別れるべきでしょうと私は思います。だって粘っても元は取れないから。

それでもう一つ思うのは、アラサー世代の女性は食べ放題のバイキングの店へ行ってはいけないということ。バイキングスタイルの料理を心地よく楽しめるのは、欲張っても体に毒。欲張ったところで食べきれない。どの道、元は取れないけれど、目で楽しみたいのだと悟りを開いている50代以上のマダムだけです。まだまだ食欲旺盛なアラサー女性がバイキングに行って、うっかり元を取ることを覚えてしまったら最後、負のループから抜け出すことができなくなります。

生きるのが苦しいのは、得することを大前提に損得勘定が働いてしまうからなのではないでしょうか。でも人生には「私は損をしてもいい」という気持ちで挑まなければ開かない扉というのがある気がしてなりません。そもそも「元を取る」という発想自体がヘンというか……。だって、どんなに粘ったところで元なんか取れっこないのですから。

元が取れないのだったら、損をした自分を許せる自分になることが大切だと思います。大切なのは、他人に過度な期待をしないことです。家族であろうと、親友であろうと、彼氏であろうと、他人は何もしてくれないと思ったほうがいい。期待していなければ、ちょっと優しくしてもらっただけで嬉しいのですよ。それって幸せ上手ですよね？

アラサー女性には、ありもしない100点満点を追いかけて落胆し続けるような生き方に対しては知らんぷりしませんか？と言いたいです。強すぎる欲求を周囲に撒いても自分を見失い、他人を不審がらせるだけ。自我や欲を跳ね除けることで冷静になり、何をしなければいけないのかがハッキリと見えてきます。そうすれば自分なりのシナリオを描くことができるはずです。

欲望と夢のバランスをとって生きる

デビュー当時、私に芸能人としての野心がなかったのは事実ですが、それでもお金は欲しかった。お金のために人気者になりたかった。現実的な問題としてお金がないと生きていけないし、人気を得ることで生活にハリができるからです。では、この矛盾を何で埋めればよいのかといえば、それは「バランス力」でしょう。

私が「成功している人」と接して思うのは、バランスがいいということ。この人は物凄く欲張りだけど、並外れた努力家だなぁとか、この人は自棄に強引だけれど、ビックリするほど人情家だなぁとか。つまり強欲でも、強引でもいいのですよ。バランスさえ取れていれば。

アラサー女性達のお悩みを読んでいて、「欲望と夢のバランスをとる術があれば楽になるかな」と感じることが幾度もありました。ただし「バランスを保つ」というのは簡単なことではありません。自分を俯瞰して、遭遇する出来事に応じて、「引くところ」「譲るところ」「譲っているように見せるところ」といった具合に臨機応変に対処していく必要があるわけで……。バランス力は立派な才能だと思うほど。

自分の器というものについて考えるのも大切なことで、「あの人ったらうらやましい」と思ってあの人と同じことをしても、ほとんどの場合はしくじります。だって、あの人の器と自分の器は違うから。といって、決してあの人の器の方が上等だというわけではないのに、野心メラメラ状態だとそれがわからない。ムキになって更に立ち向かい玉砕するか、自分を卑下して殻に閉じこもるかのどちらかになってしまいがちです。

でも30代ってそういう季節なのですよ、きっと。玉砕すれば痛いし、殻に閉じこもれば窮屈で。そういう苦しい経験をして、でもこのままではダメだと自分らしいやり方を探りつつ少しずつ前進していく人には、いい40代が待ち受けているのではないかなって。

身も蓋もないことを言ってしまって恐縮ですが、アラサー女性には無様でもいい、意気盛んに過ごしてほしいと思うのです。第一、躓《つまず》いても意外と誰も見ていません。恥をかいても誰も覚えていません。

自分のアキレス腱を把握しておく

欲はないのに目標を作るのは好きです。恐らくなのですが、どちらの方向に行くか決めるだけで安心できるからでしょう。あとは心の中で赤い布を翳《かざ》して「こっちだよ、こっちだよ」とやれば、静かな闘争心みたいなものが芽生えます。闘牛に生まれれば良かった。迷いがないのですから。赤い布に向かうことだけに集中できるのですから。

目標を定めても人生の成功者になれるわけではないけれど……。たとえば交際したいと思う人が現れても、その恋が成就するとはかぎりません。でも誰かを好きになってときめくということ自体が素敵なのだし、いろいろやってみたというのがかけがえのない体験だし、失恋に終わったとしても人の痛みがわかる人へと成長できたと言えそうですし。成長という意味においては、すんなりと成就する恋より上かもしれませんね。恋に限らず、すんなりと物事が運べば、その分、成長が遅れる。そう思えば失敗もまた楽しと思えてきます。

私が欲しいなと思うのは動物くらいでしょうか。現在は猫と蛇を飼っていて、少し前までナマケモノを飼っていたのですが、突然死してしまいました。15年くらいは一緒にいられると思っていたのに……。あんなにショックだったことはなかった。悲しくて、やりきれなくて……。

私が泣きながらナマケモノの檻を片づけようとしていたら、旦那（漫画家の清野とおる氏）が「僕が中に入ろうか？」って（笑）。一人なら一人で耐えて乗り越えたのでしょうけれど、やっぱりそれはキツイなと。なので結婚してよかったなと思いました。

夫婦の絆も大事なものではあるのですが、やっぱり私はペットを最高に愛していたので、彼が動物嫌いなら結婚はなかったと思います。結婚してお金に対する相手の価値観の影響を受けることもありますけれど、「結婚しても、ペットにはお金を出し惜しみしないから」とそれは結婚前から伝えていました。

たとえば欲しいと思ったペットはお金がかかるなとわかっていても飼い始めるとか、最高級の餌を与えるとか、病気になった時の治療代には糸目をつけないとか。結果、経済難に陥るというわけで、ペット欲をコントロールしなければ私は身を亡ぼすことになるでしょう。私にとってペットが一番のアキレス腱だといえそうです。

何が自分のアキレス腱なのかを把握しておくことは、自分をコントロールする上で非常に大事だという気がするのですが、意外とみなさん考えていないのかもしれません。見たくないことの中に問題解決の糸口があるかもしれないのに、それはもったいない。

人の悩みの根源にあるのは「馬鹿にされたくない！」という思い

生きているといろいろなことがありますよね。誰にとっても人生って楽なものではないと私は思っていて。だからイヤなことや苦しいことを越えてくることができたのでしょう。辛いのが自分だけなら自暴自棄になっていたかもしれないし、生まれてこなければよかったと心が折れてしまっていたかもしれません。「そりゃあ悩みの種類は違うけど、誰もがみんな大変なのだから、自分だけ楽になろうなんて甘いのさ」と自分に言い聞かせてみるというのは、心を立て直すための特効薬。

湯船の中で自問自答するのもいいのですが、私は日記を認《したた》めて、その日の毒はその日のうちに吐きだし、反省点があれば反省し、「よし、これで白紙に戻った」という気持ちで眠りについて、スッキリした気持ちで朝を迎えるようにしています。

ところが「悔しい」という感情だけはしぶとくて。手放したと思っても、何かの拍子にメラメラと蘇ったり、気づけば心を占領されていることも。いただいたお悩みの根底にも決まって「馬鹿にされたくない」という思いが潜んでいます。

恋の悩み、セックスの悩み、仕事の悩み、お金の悩み……。人の悩みは多岐に渡りますが、一言で言えば人間関係の悩みです。人が自分をどう見ているか。人が自分をどう扱うのか――。そのことによって傷つきたくないからオロオロして、誰かに認められたくてイジイジして、傷つけられたと復讐に燃える。相談内容が綴られた文面からは「私、馬鹿にされるのが怖いんです!」「私、もう二度と馬鹿にされたくないんです!」といった叫び声が聞こえてくるようです。

このことに対する処方箋は「狡《ずる》くなる」こと。いい子のフリをするとか、本音を言わないとか。真面目な人ほど「ありのままで勝負したい」と思ってしまう傾向にありますが、「ありのまま」でＯＫなのは手から樹氷が出る人だけ。魔法を使うことのできない私達がすべきことは、自分の中の女優をちゃんと育てることだと思います。

馬鹿にし返してやろう、などと考えるのは不毛。馬鹿にすれば、また誰かにやり返されてしまうでしょう。この負のループを断ち切るためには、「コイツも人の子だ」と思うこと。今、私のことを馬鹿にしているコイツにもオシメを変えてもらっていた時代があるのだと思うと、脅威でもなんでもなくなります。

結婚の条件とは？

人生相談を始めた時は独身でしたが、２０１９年に結婚しました。私がかつて憧れたのは、中学時代に谷崎潤一郎の『春琴抄』を読んで以来、盲目のお嬢様・春琴と、彼女に仕える佐助のような関係性。清野さんは私のことを「支静加」と本名で呼びますが、自分の中のわずかな女優性を駆使して壇蜜という女を演じていることに関して何も言いません。なので楽でいいなと。

17年にテレビで共演したというのが馴れ初めですが、第一印象はこの人と町ですれ違ってもわからないだろうなというものでした。だってコロナがまん延する前からマスクが彼のトレードマークだったし、恐らく先天的に闇に紛れる能力が高い（笑）。でも漫画好きな私は彼の作品も読んでいて、凄い人だと感じていました。

漫画好きといえば、縁結びの神は漫画家の吉田戦車さんかもしれません。私と清野さんは二人とも『伝染《うつ》るんです。』という作品がセリフを諳《そら》んじることができるほど好きで、中に出てくるセリフをポンと投げると、次に続くセリフが返ってくるというようなやり取りで会話が成立するという。こんな人とは二度と会えないな、というのがありました。

それから、さすがに名前のある漫画家はお金を持ってるかもというのがあって（笑）。彼の通帳にお金がいっぱいあるかどうかは知りませんが、浪費しないというのがポイントでした。お金に対する価値観を変えるのは難しいと思いますし、ギャンブルなどで作った借金のある人とは結婚しないと決めていたのです。

日本に脈々と続く「男尊女卑」の問題とどう向き合うか？

私は私で収入を得て経済的に頼りたくない、そして夫には「春琴抄」の佐助よろしく静かでいてほしい、とかいろいろ思うわけですが、それは日本から男尊女卑が消えるのにはまだ50年くらいかかりそうだぞという危惧を抱いているからなのです。

お悩み相談の根底に男尊女卑が横たわっていると感じることも少なくありません。といって「男女平等なんてムリムリ」なんて言ったらいろいろなところからお叱りを受けるのだろうなぁと思うし、「上手く立ち回れ」と言えば怒る人がいるのだろうし、困ったねぇと。アドバイザーとしての苦悩は、つまるところここに集約されている気がします。

結局のところ私は「上手く立ち回る方法を一応教えておくけれど、実践して世間の風当たりが強くなっちゃったりしたらごめんね」というスタンスでアドバイスをさせていただきました。これからもスタイルを変えることはないでしょう。

私が実践していることの一つに、「ムカつく男に遭遇したら、敢えて謝る」プレイというのがありまして。それは相手が傲慢な言動を示してきたら、「アラ、ごめんなさい。イヤな思いをさせちゃって。それにしても鋭いご指摘。何もかもお見通しなのですねぇ。さぞかしオモテになるでしょう?」と謝り倒し、ついでに褒め殺すというもの。怒りをプレイで包み込んで抑えるというイメージを描きながら行うのがポイントです。キーキー言っても何一ついいことはありません。

これからも自分の経験を活かして、女性に「いろいろあったけど、まぁ、腑に落ちたわ」と思ってもらえるような回答を心掛けていきたいと思っています。

本書は、第1章〜第4章はWEBサイト「OTEKOMACHI」に2017年4月から2020年8月まで連載された「お悩み相談」を加筆・修正し収録したもの、「三十路を超える歳になり」は書き下ろしです。

壇　蜜（だん・みつ）
1980年12月生まれ。昭和女子大学卒業後、多くの職業を経験。調理師、日本舞踊師範など多数の免許・資格を持つ。2010年に29歳の新人グラビアアイドルとして注目を集める。映画やテレビなど活躍の場を広げ、『結婚してみることにした。壇蜜ダイアリー2』『はんぶんのユウジと』『壇蜜歳時記』『死とエロスの旅』など著書多数。猫と熱帯魚を飼っている。

三十路女《みそじおんな》は分《ぶ》が悪《わる》い

2020年12月10日　初版発行

著　者　壇《だん》　蜜《みつ》

発行者　松 田 陽 三

発行所　中央公論新社

〒100-8152　東京都千代田区大手町1-7-1
電話　販売　03-5299-1730　編集　03-5299-1740
URL http://www.chuko.co.jp/

DTP　今井明子
印　刷　大日本印刷
製　本　小泉製本

Published by CHUOKORON-SHINSHA, INC.
Printed in Japan　ISBN978-4-12-005357-3 C0095